성결의 복음

성결의 복음

초판 1쇄 발행 2024년 1월 22일

지은이   이성봉
엮은이   키아츠
펴낸이   손영란
편집   류명균 최선화
디자인   조유영

펴낸곳   키아츠
주소   서울시 도봉구 마들로 624, 302호
전화   02-766-2019
팩스   0505-116-2019
홈페이지   www.kiats.org
이메일   kiatspress@naver.com
블로그   blog.naver.com/kiatspress
페이스북   www.facebook.com/kiatspress

ISBN 979-11-6037-218-2(03230)

이 책은 이성봉 목사 생전에 발간되었던 《임마누엘 강단》(1955), 《사랑의 강단》(1961), 《부흥설교진수》(1963), 〈활천〉[183호(1938.2) 189호(1938.8) 231호(1946.9) 263호(1955.2)]의 글 중 일부를 선별해 엮은 것입니다. 2008년 키아츠가 엮고 홍성사가 출판한 '한국 기독교 지도자 강단설교' 《이성봉》의 개정판으로 저작권은 키아츠에 있습니다. 무단 전재와 복제를 금합니다.

성결의 복음

이성봉 지음 | 키아츠 엮음

차례

키아츠 20주년 기념판 서문 6
2008년판 서문 12
머리말 14

1장　주님을 좇는다는 것 29

　　　주님을 사랑하자 30
　　　십자가의 도 43
　　　주를 좇는 자와 각오 58
　　　시련을 당하는 신자의 취할 태도 71

2장　성결한 삶 77

　　　너희는 어떠한 사람이 되어야 마땅하겠느뇨? 78
　　　모든 계명 중에 제일이 무엇입니까? 91
　　　하나님의 사랑하는 아들 99
　　　성결의 복음 105
　　　은혜 받는 비결 112
　　　내 눈을 밝게 하소서 124
　　　경건한 신앙생활의 10대 원칙 139

3장   재림 145

   재림의 약속과 우리의 준비   146
   재림의 복음   162

4장   부흥 181

   전국부흥사업의 임명을 받고   182
   6·25와 나   186

이성봉 목사 연표   200
이성봉 목사 연구를 위한 참고문헌   201

키아츠 20주년 기념판 서문

세계 기독교 영성 선집에 새롭게 자리한 한국 기독교 유산

키아츠KIATS는 2004년 설립되어 한국 기독교의 신앙 유산을 학문적으로 정리하고 이를 국제적으로 알리는 일을 일차적으로 시작했다. 영문잡지 *KIATS Theological Journal*은 그 첫 번째 결과물로 2005년부터 2009년까지 총 9권이 발행되었다. 한국 기독교를 영문저널을 통해 세계와 나누려던 작업에 미국 하버드대학교의 하비 콕스Harvey Cox와 프린스턴신학대학에서 내가 배운 선교학자 앤드류 월스Andrew Walls 교수를 비롯한 많은 분이 힘을 실어 주었다. 이 저널은 키아츠의 이후 연구서들이 전 세계로 나가는 일차적인 통로를 개척해 주었다.

영문저널에 이은 키아츠의 두 번째 작업은 '한국 기독교 지도자 강단설교' 시리즈로 2008년부터 4년간 한국 기독교를 대표하는 목회자와 신학자 10명의 설교와 글을 묶어 한글과 영어로 출간했다. 키아츠 연구진의 연구에 기초해 홍성사가 한글책을 출간했고, 키아츠는 영어번역본을 동시에 출간했다. 이 시리즈는 교단을 초월해 한국 기독교의 특징을 가장 잘 보여주는 10명의 인물을 간추려 이들이 남긴 기록문서를 통해 한국 기독교를 정리하려는 의도로 진행되었다. 우리는 여러 연구자들과 목회자들과 해당 인물 후손들의 도움을 얻어 길선주, 김익두, 주기철, 손양원, 이성봉, 이용도, 김교신, 김정준, 한상동, 김치선 작품 선집을 출간했다. 이 과정에서 홍성사의 정애주 사장과 편집자들의 보여준 사랑은 이후 키아츠 연구·출간에 큰 도움이 되었다. 이때 간행된 책 중에서 길선주, 주기철, 손양원, 이성봉의 작품은 중국어 번역본까지 출간되었다.

이후 키아츠의 연구는 '한국 기독교 고전 시리즈' '한국 기독교 선교사 시리즈' '기독교 영성 선집' 등으로 확장되었다. 특별히 2011년부터 시작된 '기독교 영성 선집'은 전 세계 기독교의 주옥같은 작품을 '펭귄북스' 같이 한 손에 들어올 만한 작은 크기로 간행했다. 이 시리즈는 2천 년 세계 각국의 기독교 영성 작품뿐만 아니라 아시아와 한국 같은 그동안 주목받지 못했던 나라의 기독교 신앙 유산까지 담아내는 것을 목적으로 삼았다. 이 시리즈는 2023년까지 총 25권이 발행되었다.

2024년 키아츠 설립 20주년을 맞아 과거에 간행했던 '한국 기독교 지도자 강단설교' 중에서 독자들의 사랑을 많이 받은 5명의 작품 – 길선주, 김익두, 주기철, 손양원, 이성봉 – 을 새롭게 다듬어 내놓게 되었다. 초판이 원전의 맛을 살리기 위해 가급적 원문을 그대로 남겨 두었다면, 이번에는 누구나 쉽게 읽을 수 있게 고어와 한자를 가능한 한 풀고 현재 사용하지 않는 일부 어투도 쉽게 바꾸었다. 시대가 변함에 따라 언어가 변하기에 현재에는 사용하지 않는 죽은 말들, 익숙하지 않은 어투를 제거하는 새로운 편집이 필요하다고 느꼈기 때문이다. 우리는 글을 편집하면서 젊은 청년을 독자로 상상했다. 지금으로부터 약 100년 전에 태어나 지금과는 다른 말과 글을 쓴 저자들의 의도를 젊은 세대에게 쉽고 명확하게 전달하고 싶었다. 비록 글은 오래되었지만, 글 속에 흐르는 신앙 정신은 지금도 여전히 우리의 가슴을 울리는 힘이 있기 때문이다.

'고전의 현대화'라는 원칙을 정했지만, 글에는 언제나 예외가 있다. 한자어를 가능한 한 풀어서 썼지만 한글로 풀면 너무 길어지는 경우, 한글로 풀기에 적당한 단어를 찾기 어려운 경우 원문 그대로 두었다. 또한 내용 이해를 방해하지 않는 예스러운 표현은 고전의 맛을 살리고자 일부 남겨 두었다. 옛글을 오늘날의 언어로 수정하는 과정에는 늘 위험이 따른다. 글이 부드러워지면서 의미가 흐려지기도 하고, 현대어와 옛글이 공존하며 어색한 글이 될 수도 있다. 하지만 독자들이 이러한 노력을 과거 선진들의 신앙이 계속 다음 세대로 이어지기를 갈망하는 작은 몸부림이라 이해해 주면 좋겠다.

우리는 '기독교 영성 선집'을 출간하면서 세계 기독교와 한국 기독교의 작품을 독자들이 나란히 두고 같이 읽는 날을 꿈꾸었다. 독자들이 유럽 것과 한국 것의 구별 없이 골고루 고전과 원문을 읽다 보면, 키아츠가 소망했던 기독교 신앙의 합집합을 넓혀가고 교집합을 보다 확실하게 파악할 수 있을 것이라 믿었기 때문이다. 그래서 지금까지 기독교 신비주의 영성에 큰 영향을 미친 위-디오니시우스, 클레르보의 베르나르, 에크하르트를 비롯해 테클라와 페르페투아, 노르위치의 줄리안, 빙엔의 힐데가르트와 같은 여성의 작품들, 그리고 종교개혁의 문을 연 마틴 루터의 작품을 번역해 출간했고, 한국 기독교 작품으로 이세종과 이현필, 소록도의 이야기를 선보였다. 동시에 비잔틴기독교의 영성을 잘 보여주는 고백자 막

시무스, 닛사의 그레고리우스의 작품들과 한국 가톨릭의 순교적 고백을 잘 보여주는 《사후묵상》도 간행했다. 이번에 '한국 기독교 지도자 강단선교' 시리즈 5권을 새롭게 다듬어 다시 발행한 것은 그동안 영성시리즈에서 미흡했던 한국 기독교 작품의 비중을 높이고 기독교 영성 선집이 더욱 균형 잡힌 시리즈로 자리하는 계기가 마련해 줄 것이다.

주기철 목사는 신사참배 반대로 7년여 동안 혹독한 고문을 당하며 주님 가신 십자가의 길을 따라갔다. 손양원 목사는 자신의 두 아들을 죽인 원수를 용서함으로 사랑의 대 계명에 순종했다. 이처럼 5권의 책에 실린 글은 일본강점기와 한국전쟁의 질곡을 통과한, 삶으로 증명된 글이다. 그래서 투박하지만 힘이 있다. 우리의 영혼을 흔들어 깨우며 나 자신의 삶을 돌아보게 한다. 이들이 섬긴 크신 하나님, 목숨을 다해 사랑했던 예수님, 이들과 함께 했던 부흥과 열정의 성령님은 지금도 여전히 우리와 함께 하신다. 이러한 사실이 독자들에게 새로운 용기와 활력을 불어넣기를 기대한다.

언제나 그러하듯이, 이번 책들도 많은 분들의 수고와 노력이 누적된 결과이다. 원래 이런 꿈을 나누고 귀하게 간주해주신 홍성사의 정애주 사장님과 스텝들, 키아츠 초기에 혼신을 다해 기초를 놓은 데 손을 잡아준 박은영 박사, 그리고 최근에 편집 조언을 해주신 신현기 선생께도 깊은 감사를 드린다. 그리고 오랫동안 키아츠의 연구와 출간 순례에 묵묵히 자리를 맡아준 류명균 팀장과 최선화 연구원의 노력에도 감사한 마음이다. 마지막으로 2008년 이 책이 처음 출간되었을 때 리먼 브러더스 사태로 인한 경제적 어려움에도 책을 사주시고 키아츠를 격려해주신 미국과 캐나다의 여러 교회와 성도들, 그리고 국내 교회와 성도들께도 감사를 드린다. 키아츠의 오늘날의 결과물은 그러한 선하고 아름다운 의지를 가진 분들의 힘이 한 올 한 올 모여 이루어진 것이다.

2008년에 작성한 발행사는 여전히 키아츠의 연구와 출간의 기본자세를 잘 담고 있어 아래에 더했다. 그동안 키아츠의 연구 결과를 사랑해주신 분들이, 여전히 키아츠의 영성 선집을 사랑해주실 것으로 믿는다.

2024년 1월
키아츠 원장 김재현

2008년판 서문

한국 기독교는 세계 2,000년 기독교 역사에 유례가 없을 정도로 단시간에 박해와 고난, 열정과 헌신, 교회 성장과 선교와 같은 다양한 경험을 맛보았다. 이러한 경험은 조선 유학자와 초기 가톨릭 교우들의 논쟁, 박해와 순교를 내세와 참된 신앙에 대한 묵상으로 승화시킨 설교와 글과 시 등을 통해 고스란히 표출되었다. 하지만 현재를 사는 우리는 이를 가다듬지도, 그 진정한 가치를 온전히 인식하지도 못하고, 늘 서구 기독교만 동경하며 그 문화를 받아들이기에 급급했던 것이 사실이다.

최근 들어 지금까지 소홀했던 한국 기독교의 믿음의 유산을 발굴하여 현재의 삶과 신앙을 반성하려는 신앙인들이 늘고 있는 것은 무척 고무적인 일이다. 이런 맥락에서 키아츠(KIATS, 한국고등신학연구원)는 "믿음의 유산" 시리즈를 통해 한국 기독교의 유산을 집대성하고자 한다.

"믿음의 유산" 시리즈는 기독교 유래 초기부터 오늘에 이르기까지 한국 기독교의 특징을 잘 드러내 주는 신앙적 혹은 학문적 가치를 갖는 일차 문헌을 선별하여 담아낼 것이다. 먼저 목회자와 신학자를 포함한 성직자의 설교를 〈한국 기독교 지도자 강단설교〉로 묶어 펴낼 것이며, 그 밖에 사회운동가, 정치가, 사상가, 문인, 예술인 가운데 기독교적 정체성을 갖고 한국 기독교에 공헌한 분들의 작품도 묶으려 한다. 원전을 정리하고 선별함에는 저자의 설교문과 논문, 수필과 단상, 시와 선언문, 단행본과 전집 등 활자화된 문헌을 우선으로 한다.

이 시리즈를 통해 독자들은 그동안 묻혀 있던 한국 기독교의 보석같은 글을 다양하게 접하게 될 것이다. 이로써 치열하게 믿음의 본을 보이며 살다간 조상들의 신앙을 음미하여 오늘을 반추하며, 하나님께서 한국 기독교의 미래에 허락하실 원대한 계획을 꿈꿀 수 있을 것이다. 그뿐만 아니라 외국 번역물이 우리나라 기독교인들의 독서를 주도하는 상황에서 우리네 정과 풋풋함, 구수한 토속적 신앙을 한껏 맛보게 될 것이다.

가장 지역적인 것이 가장 세계적이라는 말이 있듯이, "믿음의 유산" 시리즈가 우리 것에 대한 진지한 성찰과 함께 세계적 차원에서 우리의 신앙을 발견하고 재정립하는 데 좋은 기회가 되길 소망한다.

머리말

기독교인들이 가장 사랑했던 부흥사 이성봉

이성봉 목사와 한국 교회

한국 교회는 19세기 미국 복음주의의 직접적인 영향 아래 시작되었다. 한국에 처음 온 선교사들은 대부분 19세기 드와이트 무디D. L. Moody의 부흥운동이나 웨슬리안 성결부흥운동의 영향을 받은 사람들이다. 이런 부흥운동의 영향이 가장 크게 나타난 것이 1907년 대부흥운동이다. 장로교 선교사 블레어W. N. Blair는 1907년 대부흥운동을 '한국의 오순절'이라고 불렀다. 이는 한국 교회가 1907년 대부흥운동을 통해 진정한 교회가 되었다는 뜻이다.

이런 측면에서 한국교회사가 민경배 교수는 1907년 대부흥운동을 한국 교회 신앙의 원형을 형성한 사건이라고 보았다. 이와 같은 한국 교회 신앙의 모습을 보여 주는 1세대가 길선주(1869-1935) 목사였고, 이성봉 목사는 길선주 목사에 이어 1930년대부터 해방 이후 1960년대까지 한국 교회의 부흥운동을 주도했던 인물이다. 이성봉 목사는 성결교회 목사였지만, 성결교회에만 매여 있던 사람은 아니었다. 장로교회와 감리교회에서 신앙생활을 시작한 그는 성결교회가 운영하는 지금의 서울신학대학교인 경성성서학원에 입학하면서 성결교인이 되었다. 성결교회의 대표적인 부흥사였지만 그의 사역은 초교파적이었으며, 일제 말과 해방 이후 한국 교회를 대표하는 부흥사였다.

이성봉 목사의 중심 메시지는 성결교회가 강조하는 중생, 성결, 신유, 재림의 사중복음이었다. 하지만 이는 단지 성결교회의 중심 메시지가 아니라 한국 교회의 부흥운동이 공통으로 강조하는 것이었다. 중생은 모든 복음주의 신앙의 근간이요, 성결은 좀 더 온전한 신자가 되려는 진지한 기독교라면 항상 추구하는 삶의 목적이었다. 1907년 대부흥운동은 이런 성결운동의 배경을 갖고 있다. 신유는 대중적 기독교의 중심 주제이며 이것을 가장 크게 강조한 사람은 김익두 목사다. 또한 일제 치하의 어려운 시대상은 한국인들로 하여금 종말론에 관심을 갖게 했으며, 길선주 목사는 이런 재림신앙의 중심 인물이었다. 사실 이성봉 목사가 강조하는 사중복음은 한편으로는 성결교회의 교리지만 동시에 당대 지도자들과 이후 한국 복음주의 신앙이 공동으로 강조하는 것이었다.

한국 교회는 근대 복음주의의 영향을 받고 있으며 그 복음주의는 부흥운동적인 형태의 기독교를 말한다. 이성봉 목사는 이런 한국 교회의 흐름을 대변하고 있는데, 특히 복음주의의 주요 특성인 대중적인 기독교를 잘 표현해 주고 있다. 기독교의 복음은 대중적인 부흥운동을 통해 사회의 기층민에게 뿌리를 내렸고, 이성봉의 부흥운동은 여기에 큰 공헌을 했다. 만약 이런 부흥운동이 없었다면 한국 기독교는 한국 대중의 마음속에 깊이 뿌리를 내리지 못했을 것이다.

이성봉 목사의 생애와 부흥사역

이성봉은 1900년 7월 4일 새벽 다섯 시에 평남 강동군 긴리에서 아버지 이인실과 어머니 김진실의 장남으로 태어났다. 그는 자서전 《말로 못하면 죽음으로》에서 자신의 출생을 이렇게 말하고 있다.

"나의 선조와 부모님은 이렇다 할 만한 가문이 못 된다. 그저 평범한 서민이었다. 그보다 더욱 죄에 얽매인 하류층의 가정이었는지도 모른다."

보통 자서전의 첫 줄은 자신의 가문을 자랑하는 것으로 시작하지만 그의 자서전은 가문의 죄를 고백하는 것으로 출발한다. 이것이 그의 위대한 점이다.

이성봉의 젊은 날은 낙망과 좌절의 시기였다. 어머니가 교사로 있던 황해도 신천의 경신학교를 졸업하고 다시 평남 대동군으로 돌아와서 농사를 도왔다. 큰 꿈은 있었지만 시골에서 과수원 일을 했다. 그에게 유일한 희망은 돈을 버는 것이었고 신앙은 점점 쇠퇴했다. 21세 되던 6월 어느 날, 주일을 지키지 않고 평양에 나가서 물건을 팔고 온갖 타락한 일을 했다. 그런데 돌아오는 길에 오른쪽 다리가 뜨끔하고 쿡쿡 쑤시기 시작하더니 결국은 쓰러지고 말았다. 처음에는 하나님을 원망했지만 점점 자신의 적나라한 모습이 보이기 시작하고 철저한 회개로 이어졌다. 생애 최초의 진정한 회개였다.

이성봉은 1925년 경성성서학원에 입학했다. 은혜를 체험한 뒤 신학을 공부하고 싶었지만 중학교를 졸업하지 못한 것이 장애물이 되었다. 그런데 그는 경성성서학원의 소문을 듣고 입학하여 성결교회 교역자가 되는 훈련을 받게 되었다. 그는 자서전에서 이곳의 생활을 이렇게 설명한다.

"그곳에서는 나를 3년간 불가마에서 빚어냈는데, 지적으로는 별것이 없었으나 영적으로 부흥과 말씀과 신앙을 통해 깊이 지도해 주시는 선생님들, 그중에서도 이명직 목사님은 나의 잊지 못할 은사이니, 그의 성경강의와 설교 때는 시간시간이 은혜로웠다."

경성성서학원을 졸업한 다음 이성봉 목사는 경기도 수원, 전라남도 목포, 평안북도 신의주에서 목회를 했다. 그리고 이 세 곳에서 교회를 크게 성장시켰다. 수원교회는 개척교회였다. 그는 개인전도, 노방전도, 가정집회를 통해 사람들을 전도했다. 또 목포에서의 목회도 성공적이었다. 특별히 이곳에서 많은 젊은이를 사역자로 키웠고 목포 주변의 도서 전도에 매진했다. 그러나 가장 성공적으로 목회한 곳은 신의주교회였다. 벽돌로 된 2층짜리 건물을 짓게 되었는데 당시 성결교회에서는 가장 큰 건물이었다.

1930년대 중반 한국 성결교회는 큰 부흥과 더불어 분열이라는 시련을 겪었다. 이런 난국을 해결하기 위해 성결교회 본부는 이성봉 목사를 전국순회부흥사로 임명했다. 이제 이성봉 목사는 개교회 목회에 구애 받지 않고 전국으로 돌아다니면서 교파를 초월해 집회를 인도했다. 뿐만 아니라 일제 말 평양의 3개 노회(평양, 강서, 안주) 연합집회를 인도했다.

그러면 이성봉 목사의 일제 말 행적은 어떠했는가? 이 시기를 지나온 한국 교회 지도자들에게 묻지 않을 수 없는 질문이다. 이성봉 목사는 일제 말, 가능한 한 신사참배를 피해 보려고 노력했다. 당시 집회를 열려면 경찰의 허락을 받아야 했고 이 과정에서 뇌물이 오가기도 했다. 이성봉 목사는 이것을 마음 아파했다. 이런 상황이 싫어서 일제 말에는 만주로 가서 활동했다. 하지만 종종 조선으로 와서 집회를 인도했다. 그는 집회에서 재림의 복음을 주장했고 이러한 사실이 일본 경찰에게 들어가 사리원에서 검거되었다가 6개월 만에 기소유예로 풀려 나왔다. 이렇게 일제에 의해 고난을 받았지만 자신의 신앙이 완벽한 것은 아니라고 말했다.

이성봉 목사는 만주에서 해방을 맞고 곧바로 평안도로 내려와 무너진 교회를 재건했다. 그러나 이북에 계속 머물 수 없음을 알고 1946년 3월 남하했다. 당시 남한의 교회도 일제의 박해로 폐허가 되어 있었다. 이성봉 목사는 전국을 다니면서 교회재건운동을 벌였다. 그는 당시 한국 교인들의 고난을 보면서 밤송이 신앙을 강조했다. 밤송이가 처음에는 가시로 보이지만 참고 인내하면 고소한 알맹이가 나온다는 것이다.

해방의 기쁨이 채 가시기도 전 민족상잔의 한국전쟁이 일어났다. 이성봉 목사는 전쟁의 상처로 고난받는 고아원, 나환자촌을 다니면서 부흥집회를 인도했다. 해방은 한국 기독교에 새로운 선교의 장을 마련해 주었다. 그것은 바로 경찰과 군대에서의 선교였다. 일제시대에는 기독교가 박해받는 종교였지만 해방과 한국전쟁을 거치면서 한국의 공식적인 종교가 되었다. 이성봉 목사는 이런 새로운 선교의 장을 찾아다니며 집회를 인도했다.

이성봉 목사는 시대의 언어를 읽고 만들 줄 아는 인물이었다. 자신의 사역을 일종의 영적 전쟁으로 이해하고 사역 용어를 모두 전쟁 용어로 바꾸었다. 자신이 인도한 부흥집회를 '춘천재토벌' '횡성 성결군' '원주전' '진부 백병전' '주봉산고지' 등으로 불렀다. 여기에 의하면 부흥사는 특공대이며, 담임목사는 대장이고, 교인들은 장병이며, 부흥집회는 전투이고, 낙심자는 부상자이며, 성공적인 부흥집회는 고지 탈환이다.

이성봉 목사는 1950년대 후반 혼탁한 한국 교회에서 건전한 복음주의적인 부흥을 인도한 부흥사이다. 당시 한국 신학계는 자유주의 신학의 등장으로 곤혹을 치르고 있었으며, 일부 신자들은 열광주의 내지는 신비주의로 혼란을 겪고 있었다. 이때 등장한 이단이 통일교와 전도관이다. 이런 혼란한 때에 이성봉 목사는 복음주의 신앙을 지키면서도 신앙의 체험을 강조하여 신자들의 영적인 갈급함을 채워주었다.

이성봉 목사 부흥사역의 특징
이성봉 목사가 한국 교회에 미친 가장 중요한 역할은 그의 부홍사역이다. 그는 20세기 중반 한국 기독교인들이 가장 사랑하던 부흥사였다. 그의 부흥운동의 특징을 몇 가지로 정리하면 다음과 같다.

첫째, 이성봉 목사의 메시지는 성결교회의 사중복음에 근거하고 있다. 그는 언제나 중생과 성결, 신유와 재림을 강조했다. 그리고 그 메시지의 중심에는 사랑이 있었다. 또한 그가 전하는 복음은 추상적인 것이 아니라 구체적인 삶 속에서 변화를 이루는 것이었고, 그의 부흥회는 예수로 말미암아 새로운 사람이 된 이야기로 가득 찼다.

둘째, 건전한 복음주의에 근거하고 있다. 그는 분명히 자유주의자가 아니다. 하지만 그는 교리만 강조하는 정통주의자도, 남을 정죄하기 좋아하는 율법주의자도 아니다. 더욱이 성경에 기초하지 않고 지나치게 신비주의에 빠지는 것도 매우 경계했다. 그는 항상 좌로나 우로나 치우치지 않은 균형 잡힌 신앙을 강조했다.

셋째, 기독교 신앙을 대중들에게 전달하는 탁월한 능력을 가지고 있었다. 어려운 신학을 말하지 않았다. 서양에서 들어온 기독교를 된장 냄새 나는 우리의 언어로 바꾸었다. 특별히 그가 표현하는 "신앙은 밤송이 같다" 또는 "가시밭의 백합화" 같은 이야기들은 지극히 평범한 사람들도 잘 이해할 수 있는 용어였다.

넷째, 언어에 대한 시대적 감각이 있었다. 한국전쟁 이후 그가 만든 임마누엘특공대는 철저하게 전쟁 용어를 사용했다. 전쟁 상황에서 복음을 전쟁 용어로 설명한다는 것보다 더 실감나는 일은 없을 것이다. 성경의 언어를 그 시대의 언어로 바꿀 수 있는 능력을 가진 사람만이 그 시대 사람의 마음을 사로잡을 수 있다.

다섯째, 탁월한 이야기꾼이다. 그의 설교는 이야기이다. 여기에는 성경 이야기도 있지만 자신의 부흥회를 통해 보고 들은 수많은 이야기가 있다. 이야기는 청중들이 설교를 남의 이야기로 듣지 않고 자신의 이야기로 듣게 한다. 이것은 그의 《천로역정 강화》에서도 잘 드러난다.

여섯째, 찬송을 잘 활용했다. 사실 이야기와 더불어 노래는 대중의 언어이다. 대중은 논리로 말하기보다는 노래로써 자신의 마음을 표현한다. 이성봉 목사는 수많은 찬송을 만들어서 사람들이 부르게끔 했다. 이런 노래들은 그가 떠난 뒤에도 사람들의 입에 남아 있어 계속 은혜가 되었다.

일곱째, 인쇄 매체를 잘 활용했다. 그는 자신의 집회 일정을 성결교회의 기관지인 〈활천〉을 통해 미리 광고했고, 또한 집회 중 나타난 은혜를 〈활천〉에 실어 사람들에게 알렸다. 그는 어느 누구보다도 인쇄 매체를 활용할 줄 아는 사람이었다.

여덟째, 다양한 방법으로 선교했다. 그는 방송선교와 문서선교에도 힘을 썼다. 또한 천로역정을 방송으로 강해했고 자신의 설교를 책으로 펴내 보급하기도 했다. 복음을 전하는 데 도움이 된다면 모든 방법을 동원했다. 또한 《명심도 강화》 같은 책을 만들어 시각적인 효과를 사용해 복음을 제시하기도 했다.

이성봉 목사의 저작

이성봉 목사의 저서는 〈이성봉 목사 저작집〉이라는 제목 아래 5권으로 출판되었다. 사실 이성봉 목사는 부흥사이지 저술가는 아니다. 그러나 그는 자신의 생전에 몇 권의 책을 출판했고 그를 기리는 기념사업회인 성봉선교회에서는 이것을 모아 1993년 5권의 전집을 만들었다.

제1권 《말로 못하면 죽음으로》는 이성봉 목사가 직접 쓴 자서전이다. 부흥집회를 통해 자신의 지나온 과거를 수없이 간증했고 정기적으로 자신의 부흥사역을 〈활천〉에 연재했다. 이 책은 이와 같은 글을 모은 것으로 그의 신앙과 사역을 잘 보여 준다.

제2권은 《사랑의 강단》이라는 제목으로 출판되었다. 그는 기독교 신앙의 핵심을 하나님의 사랑이라고 보았고, 신자생활의 핵심을 하나님의 사랑에 대한 응답으로 이해했다.

제3권 《임마누엘 강단》은 당시의 시대상을 보여 준다. 좌익과 우익의 갈등 가운데서 기독교는 과격파가 아닌 온건우익이며, 공산주의가 아닌 민주우익이며, 양과 염소 가운데 그리스도의 우편에 앉아 있는 양이라고 말한다.

제4권 《부흥의 비결》은 175개에 달하는 부흥설교 대지들을 모은 설교집이다. 이 설교집은 하나님, 예수, 성령에 대한 신론에서부터 중생, 성결, 신유, 재림과 같은 성결교회의 사중복음과 기타 교회생활에 이르기까지 기독교의 모든 주제를 골고루 포괄했다.

제5권은 《천로역정 강화》, 《명심도감》, 《요나서 강화》를 한데 묶은 것이다. 이성봉 목사의 부흥회 가운데 가장 유명한 것이 바로 《천로역정 강화》이다. 천로역정을 통해 개인, 교회, 인생의 문제를 재미있게 엮어 가는 것이 그의 부흥회의 백미다. 《명심도감》은 신자의 심령 상태를 그림으로 설명한 것으로 시청각교재를 이용해 기독교인의 삶을 설명했다. 이 그림은 9장으로 구성되어 있는데 옛사람의 상태에서 중생과 성결 그리고 죽음에 이르기까지 신앙생활을 재미있게 설명하고 있다. 《요나서 강화》는 그의 유명한 부흥집회 강해로 요나의 생애를 통해 신자의 회개와 구원을 설명한 것이다.

이 책의 구성

설교의 일부인 이성봉의 글에는 운율이 있고 고저가 있다. 그래서 죽어 있는 문자가 아니라 살아 있는 말씀이다. 부흥사들에게 '설교 원고'란 설교 전체 원고라기보다는 설교자로 하여금 전체를 기억하게 만드는 메모와 비슷하다. 그러나 우리는 그의 기록된 설교를 통해 그의 가르침과 사상을 잘 볼 수 있다.

이 책의 설교는 네 부분으로 이루어졌다. 1장 '주님을 좇는다는 것'에서는 하나님을 따르는 신자들의 기본적인 태도와 자세를 역설하고 있다. 2장 '성결한 삶'에서는 성결교와 한국 기독교에서 중요하게 여겨온 성경과 경건, 그리고 하나님의 은혜를 다루었다. 하나님의 사랑을 실천하는 것이 바로 성결이다. 이런 점에서 1부의 '주님을 좇는 것'과 2장의 '성결한 삶'이 일치하고 있다. 3장의 주제이자 이성봉 목사의 신앙 핵심은 바로 '재림'이다. 다시 오실 재림의 주, 신랑 되신 그리스도 앞에 순결한 신부로 서려는 삶의 자세가 바로 주님을 좇는 길이기도 하고 성결의 길이기도 하다. 4장에서는 '부흥'과 6·25와 관련된 개인적인 경험담에 기초한 설교를 묶었다. 이를 통해 우리는 전국부흥사로 활약한 이성봉 목사의 열정과 또한 기독교와 공산주의에 대한 그의 태도를 볼 수 있다.

이성봉 목사가 한국 교회에 주는 의미

이성봉 목사의 부흥운동이 현대 한국 교회에 주는 의미는 무엇일까? 다음 세 가지로 정리해 볼 수 있다.

첫째, 현대 한국 교회는 이성봉 목사의 성결의 메시지를 필요로 한다. 현대 한국 교회는 사회로부터 강력한 도덕적 책임을 요구받고 있다. 안티 기독교인들은 교회의 도덕적인 수준에 대해 강력한 도전을 하고 있다. 이런 상황에서 이성봉 목사의 성결의 메시지는 꼭 필요하다. 초기 한국 교회는 사회를 향해 도덕적인 우위를 가졌지만 지금은 그렇지 못하다.

둘째, 현재 한국 교회는 이성봉 목사의 종말론적인 메시지를 필요로 한다. 우리가 그의 설교에서 찾아볼 수 있듯이 그의 성결의 메시지의 근거는 그리스도의 재림이다. 다시 오실 그리스도 앞에서 순전한 신부로 설 수 있도록 살아가는 것, 바로 그것이 성결한 삶이다. 현재 한국 교회는 재림의 신앙을 잃어버렸다. 이것은 한국 교회로 하여금 현세적인 기복신앙으로 흐르게 하는 것이다.

셋째, 한국 교회는 이성봉 목사와 같은 대중적인 부흥사를 필요로 한다. 현대 사회의 가장 중요한 특징 가운데 하나가

대중성이다. 근대 기독교는 대중에게 어떻게 복음을 전하느냐를 가지고 씨름했고 여기에서 성공한 사람들이 바로 부흥사들이다. 이성봉 목사는 기독교의 복음을 한국 대중들에게 대중의 언어로 소개했다. 지금 한국 교회는 이성봉 목사와 같이 모든 사람으로부터 사랑을 받는 부흥사를 기다리고 있다.

최근 한국 교회에서 부흥운동의 열기가 식어 가고 있다. 그 원인은 여러 가지가 있을 것이다. 하지만 가장 중요한 이유 가운데 하나는 이성봉 목사와 같이 모든 사람에게 사랑받는 부흥사가 많지 않다는 것이다. 오직 주님만 바라보며 명예와 물질에서 자유한 이성봉 목사와 같은 부흥사가 다시 출현할 때 한국 교회에는 다시 부흥의 불길이 타오를 것이다.

박명수 교수(서울신학대학교 한국교회사)

일러두기

1. 이 책은 2008년에 펴낸 '한국 기독교 지도자 강단설교' 《이성봉》(키아츠 엮음, 홍성사 출판)의 개정판이다. 2008년에 출간한 책이 원전의 맛을 살리기 위해 가급적 원문을 그대로 남겨두었다면, 개정판은 독자들이 쉽게 읽을 수 있도록 원전의 의미를 변화시키지 않는 범위에서 가능한 옛말과 한자를 현재 사용하는 한글로 풀어 썼다. 또한 현대 독자에게 낯선 예스러운 표현과 어투도 일부 바꾸었다.
2. 본문의 성경 인용은 이성봉 목사가 사용한 그대로 옮기는 것을 원칙으로 하되 개역개정 성경과 많이 다를 경우 일부 수정하거나 각주로 성경 본문을 추가했다.
3. 본문에서 모든 문체를 경어체(습니다)로 바꾸었다.
4. 이해를 돕기 위해 한자와 영어를 추가하고, ( )와 각주로 보충설명을 더했다.
5. 지명, 인명은 국어사전에 등록된 표기를 따랐다.
6. 각 글 말미에 별도로 출처를 표기했다.

주님을 좇는다는 것

주님을 사랑하자

> 여호와께서 자기를 사랑하는 자들은 다 보호하시고
> 악인들은 다 멸하시리로다 (시편 145:20)

세상은 장차 두 가지 모습으로 갈라질 것입니다. 하나님을 잊어버리기까지 자기만 사랑하다가 망하는 세상과 자기를 잊어버리기까지 하나님을 사랑하여 복을 받는 세상이 그것입니다.

"예수를 사랑하는 마음이 변치 않는 자에게 은혜가 있을지어다."

"주를 사랑하지 않는 자는 저주를 받으라. 주께서 강림하시느니라."

이 두 가지 말씀 가운데 누구든지 마음대로 골라잡을 수 있습니다. 하나님께서는 우리에게 주를 사랑하고 축복을 받으려면 받고, 주를 사랑하지 않고 저주를 받으려면 받으라고 자유의지를 주셨습니다.

주를 사랑할 이유

첫째, 하나님의 사랑을 먼저 받았기 때문입니다. 하나님의 사랑이 이렇게 나타나셨으니 우리가 주를 사랑한 것이 아니요, 그가 먼저 우리를 사랑하셨습니다(요한일서 4:10). 피조물 된 우리는 그의 사랑으로 생겨나서, 그의 사랑으로 보호를 받고, 그의 사랑으로 하나님의 자녀가 되었고(요한일서 3:1), 그의 사랑으로 영생을 얻게 된 것입니다(요한복음 3:16).

하나님의 사랑은 어떻게 나타났습니까? 우리 몸에 나타내셨습니다. 보십시오! 우리 신체의 신기한 구조 중에 우리의 머리를 보십시오. 또한 약 8만 개의 머리털과 232개의 골격과 400조의 세포와 250만의 땀구멍, 어느 곳에도 하나님의 사랑이 새겨 있지 않은 곳이 없습니다. 시편 기자의 고백처럼 하나님은 우리를 신기하고 묘하게 만드셨습니다(시편 139:14).

하나님의 사랑은 모든 자연계에도 나타나 있습니다. 일월성신日月星辰이나 끝없이 넓고 넓은 천계를 보든지, 물속의 장구벌레나 꽃 한 송이, 그리고 풀 한 포기를 보든지 하나님의 사랑으로 충만합니다. 봄에는 온갖 꽃이 만발하고, 여름에는 무성하게 우거진 나무와 향기로운 풀이 성하고, 가을에는 온갖 곡식과 과실이 풍성하고, 겨울에는 하얀 눈으로 덮인 자연이 은세계를 이루어, 보기 좋고 놀기 좋고 살기 좋게 지어 놓으셨습니다. 그 사랑, 참으로 아름답습니다. 주님의 세계는 전부가 사랑입니다.

만물을 은혜와 사랑으로 주실 뿐만 아니라 독생자까지 주신 하나님의 사랑은 절대 사랑입니다. 아들이 둘이 있어서 하나를 주시면 상대적 사랑이지만, 독생자를 주셨으니 절대가 되고 만 것입니다. 인정도 사랑도 없는 인간이라 해도 자식이 어디에 가서 잘 있어도 언제나 아들에게는 "내 아들, 내 아들" 하는 심정을 금할 수 없고, 딸에게는 "우리 딸, 우리 딸" 하며 애달파하는 것이 부모의 심정이 아닙니까?

제가 김해의 어느 교회에 가서 집회할 때, 그 교회 여전도사의 이야기를 듣고 깨달은 것이 있습니다. 그 여전도사가 청상과부로 무남독녀를 길러 고등학교까지 졸업시키고 결혼하기에 적당한 나이가 되어서 사윗감을 고르고 골라 마음씨 좋고 가문 좋다는 사람과 결혼시켰습니다.

그런데 평소에는 남편의 사랑을 여간 많이 받아 왔지만 신랑이 신경질이 있어 대수롭지 않은 일로 부부싸움을 해, 아내를 때려서 눈두덩이가 부었고 쥐어박아 얼굴이 못쓰게 되었다고 합니다. 결국 보따리를 싸가지고 쫓겨 온 것을 본 전도사는 기절하다시피 분개해서 "에잇, 내가 지옥을 가더라도 이놈하고 가서 좀 해봐야겠다" 하고 딸을 데리고 가서 사위하고 한바탕 싸움을 하였노라고 했습니다. 차라리 자기를 죽이는 것은 관계치 않겠지만 순하고도 어린 딸을 저 하나 믿고 시집을 보냈는데 그 모양으로 만든 것을 보자 견딜 수 없이 분하더라고 했습니다. 그래서 제가 그 전도사님에게 "자매님, 자매님은 그 딸이 가서 사랑 많이 받다가 한 번 매 맞고 왔다고 분을 내는데, 우리 주님께서는 이 세상에 오셔서 얼마나 많은 구박과 학대를 받으셨는가 생각해 보았습니까?" 하고 물었습니다.

"그는 나실 때도 말구유에서 태어나셨으며, 낳은 지 얼마 안 되어서는 헤롯이 죽이려 해서 교통이 불편한 그 당시에 머나먼 애굽으로 피난 가셔야 했습니다. 장성해서는 인간들을 극진히 사랑하사 저들이 배고플 때 먹을 것을 만들어 주시고, 병들었을 때 어루만져 치료해 주시고, 저들에게 유익한 말씀이라면 남김없이 주야로 설교해 주시고, 저들의 행복을 위해 산과 들에서 금식과 기도로 철야하셨습니다. 그랬건만 악한 유대인들이 예수를 미워하고 반항하여 마침내 그 독생자에게 온갖 모욕과 박해로 정죄하여 자기들을 생각하던 머리에 가시관을 씌우고, 자기들을 만져 주시던 그 손에 못을 박고, 자기들을 염려하고 애타시던 그 심장에 창칼을 들이대며 발악할 때의 하나님 아버지의 마음은 어떠하셨겠습니까?

또 죽으시면서도 행여나 성부께서 진노하실까 하여 '아버지여, 아버지여, 저들이 알지 못하여 그러하오니 저들을 용서하소서' 하고 애원하시는 주님에게 이리떼같이 달려드는 인간들을 다 진멸시켜야 마땅하지만, 그 독생자를 죽이시고 악한 우리를 살려 주신 하나님의 사랑을 아십니까? 이 사실을 압니까? 하나님이 우리를 이처럼 사랑하셨으니 우리가 그를 사랑하는 것이 마땅치 않겠습니까?"라고 말했습니다.

하나님은 독생자를 주시기까지
원수 죄인 사랑하여 희생하셨네
주홍같이 붉은 내 죄 눈같이 씻어
너는 내 것이라고 인쳐 주셨네[1]

둘째, 재림의 주님이 가깝기 때문입니다. "주를 사랑하지 않는 자는 저주를 받으라. 주께서 강림하시느니라"(고린도전서 16:22). 우리가 사랑하고 그리워하는 신랑 예수님 오실 날은 절박해 갑니다. 자연계의 징조를 보든지, 국제와 사회의 흐름을 보든지, 교회 상태를 보든지, 유대 나라가 독립하는 것을

---

[1] 이성봉 목사는 자신이 찬송가를 만들고 부르기를 매우 즐겨했다. 설교 때마다 복음성가나 자신이 만든 노래를 즐겨 불렀다. 뿐만 아니라 찬송곡조를 만들어 남들에게 선물하기도 했다. 본문에 나오는 찬송곡조들은 이성봉 목사의 특유의 기질을 잘 보여 준다.

볼 때에 우리 최대의 소망은 신랑 되신 주님을 기다리는 준비로 예수를 사랑하는 일밖에 없는 것이 아닌가 합니다.

너희들은 예비하라
생각지 않을 때에 인자가 오시리라
사랑하는 나의 주님, 언제나 오시렵니까?
택한 신부 맞으시려 언제 오시렵니까?

우리의 신랑 되신 예수님은, 속히 강림하신다는 약속을 굳게 붙잡고 이제인가 저제인가 눈물로 기다리는 신부 성도들의 순결한 사람을 요구하십니다. 신랑이 신부에게 요구하는 것은 사랑뿐입니다. "네가 나를 사랑하느냐?" 베드로에게 요구하시던 주님은 지금도 우리에게 물으십니다. "세상보다 나를 더 사랑하느냐? 가족보다, 명예보다, 지식보다, 권세보다, 생명보다 나를 더 사랑하느냐?"

사랑의 성질

첫째, 사랑은 많이 애모愛慕하고 잊어버리지 않는 것입니다. 세상에서 누가 우리를 제일 생각하는지요? 부흥회 하고 떠날 때는 신도들이 자기 이름을 쓴 사진까지 주면서 기도해 달라고, 그들도 저를 위해서 꼭 기도하겠다고 말합니다. 저는 속으로 생각합니다. '얼마나 나를 생각해 줄까? 아마 며칠은 생각나겠지? 하지만 얼마 지나면 꿈에 떡 맛보듯이 생각날 것이다.' 그래도 군산 어느 교회에 갔더니 한 전도사 할머니가 제 사진을 성경 갈피에 붙어 두고 15년을 기도했다고 해서 만나 보았습니다. 어떻게나 감사한지요. 오늘날 제가 이만큼 힘을 얻어 돌아다니는 것은 이 강산에서 저를 위해 기도해 주는 분들이 많은 까닭인 줄 압니다.

그 할머니가 저를 위해 기도해 준 것보다 저를 더 진정으로 생각하고 기도해 주신 분이 계시는데 그분은 바로 평안남도 대동군 시족면 건지리에 사시는 저의 어머니와 아버지이십니다. 우리 어머니는 저를 위해 매일 네 번씩 기도하신다고 편지가 왔었습니다. 그렇지만 그 어머니는 벌써 17년 전에 기도하다가 소천하셨습니다. 또 저를 많이 생각하는 사람은 서울 신촌 영단주택 17호에 사는 제 아내입니다. 여러분이 아무리 저를 생각한다 해도 제 아내만큼 저를 생각지는 못할 것입니다. 어떻게 그리 남의 영감을 생각하고 있겠소? 하지만 그보다 더 많이 생각하시는 분이 있는데 그분이 누구겠습니까?

이사야 49장 15절을 보십시오. "여인이 어찌 그 젖 먹는 자식을 잊겠으며, 자기 태에서 난 아들을 긍휼히 여기지 않겠느냐. 그들은 혹시 잊을지라도, 나는 너를 잊지 아니할 것이라"고 하시는 그는 우리의 하나님 아버지이십니다.

하나님이 우리를 사랑하시는 것은 그가 우리를 잊지 않으신다는 것입니다. 그러므로 우리도 주님을 사랑하며 그를 많이 애모하고 그를 잊어버리지 않아야 합니다. 대개 모든 인격은 생각을 많이 하는 대로 되는 것입니다. 보십시오! 돈을 많이 생각하면 수전노가 되고, 이성을 많이 생각하면 색마가 되고, 술을 많이 생각하면 술주정뱅이가 되고, 아편을 생각하면 아편쟁이가 되고, 장사하는 것을 생각하면 장사꾼이 되고 농사하는 것을 생각하면 농부가 되고, 정치를 생각하면 정치가가 됩니다. 이와 같이 하나님과 예수를 많이 사모하면 자연히 하나님과 예수의 인격으로 변하게 될 것입니다. 그렇지 않습니까?

영국의 부흥사 스펄전은 "나는 15분간만이라도 예수를 잊어버리면 타락한다"고 했습니다. 우리는 주님 생각을 얼마나 합니까? 새벽기도도 변변히 못하고 해 뜨도록 늦잠만 자고 일어나서 시간 급하다고 밥 먹는 기도마저 다 잊고, 한 절반 먹다가 "아이구, 식사기도 잊어버렸구나" 하고 숟가락 들고 기도하기도 하고, 하루 종일 분주히 왔다갔다하다가 저녁에 책이나 보다가 그대로 잠들어 버리고, 아기 어머니는 아기 젖

먹이다가 그대로 자 버리니, 글쎄 하루 24시간 주야에 몇 번이나 주님을 사모하고 교통하십니까? 주님을 문밖에 세우고 잠꼬대하는 신부들이여, 회개하십시오!

둘째, 사랑하는 사람 사이에는 간격이 없습니다. 비밀이 없습니다. 부부간에 무슨 비밀이 있겠습니까? 아담과 하와에게 죄가 들어오기 전에는 서로 벌거벗은 몸으로 부끄러움 없이 지냈지만 죄가 들어온 후로는 무화과나무 잎으로 치마를 해 둘렀습니다. 무슨 소리입니까? 하나님은 의의 빛이시니 털끝만큼도 어두움이 없으십니다. 하나님과 사귀었다 하면서 어두운 데 행하면 거짓말하는 자입니다. 이제 외식의 껍데기 다 벗어 버리고 적나라하게 주님 가슴에 안기십시오. 다시 말해서 양심적으로 살라는 말입니다.

목욕탕에 들어가려면 다 벌거벗고 들어가는 것과 같이, 우리 주님의 은혜의 목욕탕에 들어가려면 다 벗어 버리고 들어가십시오. 우리 주님의 따뜻한 포옹을 받으려면 주님과 나 사이에 백지 한 장 가리움 없이 살아야 하는 것입니다.

어느 날 밤에 어떤 전도사와 자는데 그가 내 이부자리를 자꾸 뚝뚝 건드렸습니다. 자다 깨서 왜 그러느냐고 물으니 "목사님, 베드로는 닭이 울 때 회개했다지요? 저도 회개하겠습니다" 합니다. "아니 전도사가 아직 회개를 못했습니까?"

하니, "변변치 않은 것은 회개했어도 차마 말 못할 숨은 부끄러움을 아직 가지고 있습니다. 목사님, 밤에 도무지 잠이 오지 않고 그 죄 생각에 견딜 수가 없습니다"라고 애통했습니다.

그래서 자다 일어나 같이 기도하자 그 전도사가 자기의 숨은 죄를 막 쏟아 놓았습니다. 차마 말 못할 모든 비밀스러운 죄악을 폭로할 때 저는 참으로 주님께 감사했습니다. 저가 나를 이렇게 사랑했던가! 누구에게도 말할 수 없는 죄악을 저에게 고백하는 그를 위해 저는 간절히 기도했습니다. 그랬더니 그에게도 성신이 충만하게 임했습니다. 그는 지금 유명한 목사가 되었고 제가 가장 사랑하고 큰 기대를 가진 젊은 목사 중의 한 사람입니다.

하나님은 정직히 행하는 자에게 좋은 것을 아끼지 않으십니다(시편 84:11). 주님과 나 사이에 올바른 관계를 맺으십시오.

셋째, 사랑하는 자를 위해서는 수고와 희생을 아끼지 않습니다. 작은 사랑에는 작은 희생이 있고 큰 사랑에는 큰 수고와 큰 희생이 있습니다. 하나님은 우리를 사랑하여 독생자를 희생시키셨고, 예수님은 우리를 위해 33년간 녹아지고 쓰러져 피땀을 다 쏟아 우리를 구원하셨습니다.

사랑하는 자를 위해 무슨 수고와 희생을 아끼겠습니까? 할머니에게 장독같이 큼지막한 손자를 업혀 보십시오. 무거운 줄도 모르고 "둥실 둥실 내 둥실" 하면서 업고 다닙니다. 그러나 사랑 없는 바윗돌이나 나무토막을 지워 보십시오. 손자와 같은 무게라도 아마 10분도 지지 못할 것입니다. 시집간 딸이 친정에만 오면 남편 몰래 아들 몰래 다 싸 주며 "어서 가져가거라, 가져가거라" 하면서 아까운 줄 모르는 것이 어머니의 사랑입니다. 그런데 우리는 주를 사랑하면서도 주일 한 번 지키기도 힘들어하고 헌금 한 푼 내는 것도 아까워하고 새벽기도 한 번 하기도 힘들어하니 이것이 진정 주를 사랑하는 것인가요?

어느 교회 집회 중에 어떤 자매가 울면서 회개를 했습니다. 그녀는 "주일마다 꼭꼭 10환씩만 연보를 했었는데, 이번 주일에는 그만 10환짜리를 잊어버리고 와서 헌금할 때 연보대가 돌아오는데 핸드백을 열어 보니 1000환짜리 100환짜리만 있고 10환짜리를 아무리 찾아도 없어서 그만 주일 헌금을 하지 않았습니다. 이렇게 인색한 것이 어떻게 주를 사랑한다고 할 것입니까?" 하고 통회했습니다. 그 자매만 그런 것이 아닐 겁니다. 이 글을 읽는 사람 중에도 더러 있을 것입니다.

아브라함은 하나님을 사랑하여 100세에 얻은 아들 이삭을 바쳐 제사를 하려 했습니다. 마리아는 300냥어치의 향기로운 기름을 예수님 발에 붓고 삼단 같은 머리(숱이 많고 긴 머리)로 주님 발을 문질러 드렸습니다. "네가 진정 나를 사랑하느냐?" 주님은 지금도 우리에게 이렇게 물으십니다.

주님을 사랑하는 자는 어떤 자인가?

"너희가 나를 사랑하면 내 계명을 지키리라"(요한복음 14:15)는 말씀의 그 계명은 무엇입니까? 요한복음 13장 34절을 보십시오. "새 계명을 너희에게 주노니 서로 사랑하라. 내가 너희를 사랑한 것같이 너희도 서로 사랑하라." 요한일서 4장 마지막 절을 보십시오. "우리가 이 계명을 주께 받았나니 하나님을 사랑하는 자는 또한 그 형제를 사랑할지니라" 하였습니다. 이처럼 주를 사랑함은 그 형제를 사랑하는 것입니다.

보이지 않는 하나님을 어떻게 사랑할 수 있을까요? 2,000년 전에 오셨다 승천하신 예수를 어떻게 사랑할 수 있을까요? 우리가 서로 사랑하는 것이 모두 주님을 사랑하는 것입니다. 사랑하는 애인을 만나 "당신을 사랑합니다. 진정 사랑합니다. 참말 당신은 나의 생명이요, 기쁨이요, 내 소망입니다"라고 말하며 애인의 목을 끌어안고 키스하면서 못이 잔뜩 박힌 구둣발로 애인의 발등을 자꾸 밟아 찢어져 피가 흐르게 한다면 그 애인은 분명 "그 사랑 그만두어라. 이 사랑 두 번 받다가는 정말 죽고 말겠소"라고 말하며 아픔에 못 이겨 애통해할 것입니다.

　이것이 무슨 말인가요? 오늘날 많은 신자가 주님을 사랑한다고 말은 하면서도 주님의 지체된 형제들을 중상, 모략, 비판, 미움, 질투, 다툼으로 유린하니 주님의 가슴에 그 고통은 오늘도 계속되는 것이 아닙니까! 형제여, 서로 사랑하십시오. 주님을 진정으로 사랑하거든 사람을 진정으로 사랑하십시오.

　이 풍진 세상 만났으니
　우리의 할 일 무엇인가
　믿음과 사랑 소망 중에
　제일은 참된 사랑이라
　형제여 서로 사랑하자
　우리는 서로 사랑하자
　사랑의 주님 계명 지켜
　서로 힘써서 사랑하자

사랑의 강단. 1961.

십자가의 도

> 십자가의 도가 멸망하는 자들에게는 미련한 것이요
> 구원을 받는 우리에게는 하나님의 능력이라(고린도전서 1:18)
> 내가 그리스도와 함께 십자가에 못 박혔나니 그런즉 이제는 내가 사는 것이 아니요
> 오직 내 안에 그리스도께서 사시는 것이라
> 이제 내가 육체 가운데 사는 것은 나를 사랑하사
> 나를 위하여 자기 자신을 버리신 하나님의 아들을 믿는
> 믿음 안에서 사는 것이라(갈라디아서 2:20)

강원도 도지사로 있던 우성준 씨가 말하기를 "제가 예수를 믿어 보니까 도道는 꼭 밤송이와 같습니다"라고 했습니다. 그것이 무슨 말이냐 하면 밤송이는 껍데기에 무서운 가시가 있지만 속에는 맛있는 밤알이 있다는 것입니다. 밤송이 자체가 먹을 것이 아니라 두꺼운 껍질을 벗기고 또 그 속의 내피를 벗겨야 누르스름하면서 달고도 고소한 먹을 것이 있습니다. 그래서 많은 사람이 예수를 믿어 보겠다고 피상적으로 와서 거

닐다가는 좀 어려운 일을 만나면 그 속에 알맹이 맛을 보기도 전에 즉시로 내버리고 만다는 뜻입니다.

십자가에는 여러 가지 진리가 있으나 세 방면의 진리가 있다는 사실이 갈라디아서 2장 20절에 나타나 있습니다. "내가 그리스도와 함께 십자가에 못박혔나니 이제는 내가 산 것이 아니요, 오직 내 안에 그리스도께서 사신 것이라. 이제 내가 육체 가운데 사는 것은 나를 사랑하사 나를 위하여 자기 몸을 버리신 하나님의 아들을 믿는 믿음 안에서 사는 것이라." 첫째는 나를 사랑하사 나를 위해 몸을 버린 십자가 곧 대속의 십자가요, 둘째는 내가 그리스도와 함께 못박혀 죽은 체험의 십자가요, 셋째는 내가 지고 사는 십자가입니다.

나를 위해 몸을 버린 십자가

십자가는 내가 원수 되었을 때에 죽으시고, 내가 죄인 되었을 때에 죽으시고, 내가 약할 때에 대신 죽으신 예수님의 십자가입니다. 남을 죽이고라도 자기만 살려는 세상에서, 남을 못살게 하고라도 자기만 잘살려는 세상에서, 주님은 탄생 이후 최후까지 십자가를 지시고 녹아지고 사라져 마지막에 피 한 방울 남기지 않고 다 쏟아주셨습니다. 순백純白의 주님이 순흑純黑이 되사 귀중한 옥체의 머리에 가시관을 쓰시고, 양손과 양발에 쇠못이 박히고, 옆구리에 창을 받으시고, 만인 중에 벌거벗고 십자가에 달려 일곱 마디의 말씀을 남기고 운명하셨습니다.

아담과 하와가 범죄한 후 수치를 가리려고 무화과 잎으로 치마를 둘렀으나, 아침에 해 입으면 저녁에 부스러지고 맙니다. 그래도 그것을 두르고 안심하는 것은, 오늘날 모든 범죄한 인간들이 그 부끄럼을 가려 보려고 인위적 종교와 수양과 도덕으로 꾸미는 것과 같습니다. 그것은 무화과 잎의 종교에 불과합니다. 그것으로는 하나님 앞에 설 수 없습니다.

그래서 하나님께서 찾아오셔서 무화과 잎을 벗기고 짐승의 가죽으로 친히 지어 입히셨습니다. 오래 입어도 해지지 않는 옷입니다. 그것은 신본신앙의 대상인 그리스도가 십자가에서 피 흘린 대속의 종교를 말합니다.

이스라엘 백성은 하나님께서 애굽의 장자를 전멸시키는 심판을 하실 때 양의 피를 문설주에 발라 진노의 심판을 넘어갔습니다. 이와 같이 어린양 예수의 십자가 피를 마음 문설주에 바른 심령은 하나님의 심판과 상관이 없습니다. 구약시대에 사람이 범죄했을 때 어린 양을 가지고 가서 손을 얹고 자복한 뒤 제사장이 양 위에 손을 얹고 축복한 후에 칼로 그 목을 찔러 피를 받아 지성소로 가지고 들어가 그 가죽을 벗기고 각을 떠서 번제를 드려 속죄한 것도 십자가의 영원한 속죄의 모형입니다. 이처럼 나를 사랑하사 나를 위하여 몸을 버린 십자가의 피는 우리 심령에 속죄의 평안을 주실 뿐만 아니라 우리를 항상 깨끗하게 하십니다.

어떤 술주정뱅이가 취해 기차 레일을 베고 잠을 자고 있었습니다. 급행열차는 기적소리를 내면서 달려오건만 그 술꾼은 정신없이 코를 드르렁드르렁 골고 있었습니다. 그때 한 자비로운 사람이 그것을 보고 견딜 수 없어 "여보시오, 저기 기차가 옵니다. 속히 일어나시오" 하고 고함을 쳐도 그자는 "기차는 무슨 기차, 우리 집 아랫목이야" 하면서 돌아눕습니다. 그 자비로운 사람이 보고 견딜 수 없어 달려 들어가 술주정뱅이 다리를 끌어 철둑 아래로 내동댕이쳤습니다.

다행히 술주정뱅이는 데굴데굴 굴러갔으나 무정한 기차는 미처 멈추지 못하고 건지던 그 사람을 끌고 들어갔습니다. 그는 목이 잘리고 다리가 끊어지고 팔이 잘리고 창자가 나와 즉사했습니다. 기차가 그제야 멈추고 기관사와 차장이 달려와서 머리 잘린 것, 팔다리 끊어진 것을 모아놓고 걱정을 합니다.

술주정뱅이는 한참 굴러가는 바람에 정신이 들었습니다. 그러나 얼떨떨하여 하늘이 돈짝(엽전 크기)만 합니다. "아하, 기차기 정차를 하였구나. 그런데 웬 사람이 저렇게 많이 둘러

싸고 있노? 누가 또 기차에 치인 것이로구먼. 아이고, 조심하지, 어떻게 하노! 어디 가서 구성 좀 해야지" 하면서 비틀비틀 올라가 "무엇 때문에 그러시우?" 하고 뚫고 들어가니 거기에는 잔혹한 시체가 있습니다.

"아이고, 끔찍해라. 저 사람 왜 저렇게 되었소?" 하고 물으니, 옆 사람이 눈에서 불이 번쩍 나게 따귀를 후려갈겼습니다. "이 자식아! 이 사람은 너 때문에 이렇게 되었어!" 하자 그 사람이 왜 생사람을 때리냐며 덤볐습니다. "그래도 정신을 못 차려? 네가 술을 먹고 여기 기차 레일을 베고 잠자고 있는 것을 아무리 소리 질러 깨워도 안 깨니까, 이 사람이 너를 건지러 들어갔다가 너는 건지고 달려오는 기차를 피하지 못해 대신 끌려 들어가 이렇게 참혹하게 죽었단 말이야."

그 사람은 그제야 정신이 들었습니다. 아침에 나무 한 짐 지고 가서 1원을 받아 70전어치 술을 먹고 30전에 쌀 한 되를 사서 지게에 걸고 흙탕같이 취해 거기서 잠자던 것인데, 이 사람이 살려 준 것을 깨달았습니다. 이제 이 사람이 어떠한 사람이 되어야 할까요?

기차 레일을 베고 잠자던 사람은 누구겠습니까? 그 사람은 이 글을 쓰는 저는 물론 온 세상 사람입니다. 이 이야기는 멸망을 알리는 기적 소리가 가까이 들려오는데 죄악의 술을 마시고 취생몽사醉生夢死[1]로 허영의 꿈만 꾸는 것을 살리기 위해 하나님의 성자가 33년간 외치시다 우리가 죽을 대신, 멸망 받을 대신에 죽으신 십자가의 대속을 말하는 것입니다.

성자 예수 그 머리에 가시관 쓰고
십자가에 못박혀서 돌아가셨네
이와 같이 넓고 크신 사랑에
아직 감복 않는 자를 사람이랄까

체험의 십자가

우리는 그리스도와 함께 십자가에 못박혔습니다. 십자가는 십자가대로, 나는 나대로 있으면 십자가와 나는 상관이 없는 것이 됩니다. 이 십자가에 예수께서 벌거벗은 몸으로 매달린 것처럼 인간의 외식의 껍데기, 체면의 껍데기는 다 벗어 버리고 나의 정체가 적나라하게 드러나도록 나의 수치를 못박아야 합니다.

그 머리에 가시관을 쓰신 것같이 나의 머리, 나의 사상, 나의 계획, 나의 조직 모두에 가시관을 씌우고, 주님 손에 못을

---

[1] 술에 취해 자는 동안 꿈 속에 살고 죽는다는 뜻으로 한평생을 아무 하는 일 없이 흐리멍덩하게 살아감을 비유적으로 이르는 말.

박은 것처럼 나의 더러운 손, 음란한 손, 도적질하는 손에 못을 박고 나의 수단 방법에 다 못박으십시오. 그 발에 못을 박은 것처럼 과거의 불의한 걸음의 자취, 마귀를 따르고 세상을 따랐던 옳지 못한, 구별되지 못한 걸음을 못박고 내 완력의 환도뼈가 부러져야 합니다. 주님의 가슴에 창을 박아 물과 피를 쏟은 것처럼 내 불의한 마음과 불결한 심정을 찔러 회개하고 정과 욕심까지 못박는 경험을 가져야 합니다.

철두철미한 회개를 할 때 세상이 나를 향해 못박고, 내가 세상을 향해 못박는 것입니다. 내 속의 인간성은 종종 나를 괴롭히지만 시간마다 나를 쳐서 복종시킴은 내가 복음을 전한 후에 버림받을까 두려워하기 때문입니다.

어떤 청년 전도사와 하룻밤 같이 자는데 밤중에 그가 제 이부자리를 툭툭 건드리는 것이었습니다. 제가 놀라서 왜 그러느냐고 묻자, 그는 "목사님, 베드로는 닭이 울 때 회개했지요? 저도 회개하겠습니다" 했습니다. "아니, 전도사가 아직 회개를 못 했습니까?" 하니, "변변치 못한 죄는 회개했으나 큰 죄는 차마 부끄러워 여지껏 숨겨 두었습니다" 했습니다. 그래서 자다가 일어나 기도하는데 그 형제는 차마 말 못할 자기의 정체성을 그대로 벗겨 십자가에 매어 달았습니다. 주님은 그 일로 그를 생명의 성신으로 다시 살리시고 충만케 하사 지금은 능력 있는 목사로 귀하게 사용하고 계십니다.

이처럼 철저하게 주와 같이 죽는 경험 없이는 부활의 주님을 체험하지 못하는 것입니다. 자기를 부인하고, 자기를 부정하고, 자기를 포기하고, 자기를 말살시키십시오. 사정없이 못박아 버리십시오.

내가 지고 사는 십자가

주님께서는 "아무든지 나를 따라오려거든 자기를 부인하고 자기 십자가를 지고 나를 좇을 것이니라"(마태복음 16:24) 하셨습니다. 주와 같이 죽고 사는 사람은 하루하루 사는 생활이 십자가를 지고 사는 것입니다. 십자가를 지라고 했다고 어떤 사람은 나뭇가지로 십자가를 만들어서 지고 다닌다고 합니다. 또 어떤 사람은 자기 몸에 십자가를 그려 붙이고 다니고 천주교인들은 십자가에 항상 입을 맞춥니다. 그러나 그렇게 한다고 십자가를 지는 것이 아닙니다. 십자가를 진다는 것은 십자가 정신으로 산다는 것입니다. 그렇다면 십자가에는 어떤 정신이 들어 있습니까?

1. 의의 용기

죽어도 같이 죽고 옥에도 같이 가겠다던 제자들이 다 주님을 버리고 달아날 때도 주님은 용감히 끌리어 태연자약泰然自若하게 십자가에 못박혀서 운명하셨습니다. 사람마다 평범한 남자가 보여 주는 용맹은 있으나 참된 의의 용맹은 십자가를 지는 자 외에는 없는 것입니다.

일제시대에 북만주에서 토벌대들이 30여 명이 모이는 교회를 둘러싸고 예수님의 사진을 문 안에 세운 후 한 사람 한 사람 내보내면서 그 사진에 침을 뱉으라고 했습니다. 장로도 나가면서 퉤 하고 침을 뱉고 집사도, 권찰도, 늙은이도 다 침을 뱉었습니다.

그런데 마지막에 어떤 청년이 나아가 침이 줄줄 흐르는 예수의 사진을 손수건으로 닦고는 용감하게 "나를 죽이라"며 가슴을 내밀었습니다. 그는 "물론 이 사진이 참 사진은 아니오. 그러나 당신들이 나의 신앙을 시험하니 나는 못 하겠소. 침 뱉고 몇 날 더 살면 뭘 하겠소. 죽여 주시오" 하니, 토벌대장은 "네가 참 예수쟁이로구나" 하고 따로 세웠습니다. 그리고 침 뱉고 살겠다던 사람들을 다 잡아다가 조사해 보니 별일이 없으므로 석방하면서 "에잇, 못된 놈들! 예수를 믿으려면 똑바로 믿어라. 누가 예수 믿으면서 예수 사진에 침을 뱉는다던? 나는 예수를 안 믿어도 그런 짓은 안 하겠다"며 조롱하여 망신을 톡톡히 당했다는 것입니다.

예수님께서는 우리에게 "너는 극히 강하고 담대하라"(시편 31:24), "용감하게 십자가를 지고 따라오라"(누가복음 9:23)고 하십니다.

2. 인내

예수님께서는 조롱을 받아도 참고, 가시관을 씌워도 참고, 양손과 양발에 못을 박아도 참고, 늙은 어머니가 십자가를 붙들고 우는 것을 보고도 참았습니다. 십자가는 참는 도입니다. 그 정신을 본받아서 모든 일에 인내로써 시종일관함이 십자가를 지는 것입니다.

끝까지 참는 자는 구원을 얻습니다. 때에 따라서는 이것을 어떻게 참겠느냐고 하겠지만 예수님께서는 그것까지 참으라고 하십니다. 참을 수 없는 것을 참아야 참된 인내지, 참을 수 있는 것이야 누구인들 못 참겠습니까? 어떤 성도가 말하기를 "인내는 신앙의 보호자요, 화평의 유지자이며, 사랑의 육성자이고, 겸손의 신생"이라고 했습니다.

3. 공의

어떤 사람이 말하기를 "나는 예수 안 믿어도 괜찮다. 왜냐하면 하나님은 사랑이기 때문에 우리가 죄를 지어 지옥에 잠깐 들어가게 할지는 모르나 거기서 영원히 고생하는 것을 원하지 않을 것이다. 즉 아무리 못된 자식이라도 부모가 징계하면서 불쌍히 여김같이 지옥에 갔다가도 곧 나오게 될 것이다"라고 합니다. 그러나 그것은 마귀의 소리입니다. 하나님의 사랑은 공의를 겸하여 갖춘 완전한 사랑임을 모르는 말입니다.

어떤 임금이 법률을 선포했습니다. 누구든지 간음죄를 지으면 두 눈을 뽑는다고 했습니다. 그런데 안타깝게도 그 첫 번째로 황태자가 그 죄를 지었습니다. 그래서 임금이 법대로 황태자의 눈을 뽑으려 하니 대신들과 백성들이 "독자의 눈을 뽑으면 누가 왕위를 계승합니까?" 하며 굳이 만류했습니다. 하지만 왕은 "그러면 법이 없어지는 것이다!" 하고는 아들의 눈 한 개를 사정없이 뽑았습니다. 그러나 또 하나를 마저 뽑으면 정말 장님이 되겠고 안 뽑으면 법이 완성되지 못하니 왕은 생각하다 못하여 그만 자기의 오른쪽 눈을 뽑았습니다. 그리하여 누구든지 간음죄를 지으면 두 눈을 뽑는다는 법을 준수했습니다.

이와 같이 모든 인생이 하나님의 계명을 다 범하여 멸망할 수밖에 없게 되었습니다. 그러나 하나님께서는 모든 인생을 멸망시키자니 하나님의 사랑이 허락지 않고, 또 무조건 용서하자니 하나님의 공의로운 법이 파괴될 것이므로 마침내 자기의 오른쪽 눈보다 더 귀한 독생자를 희생시켜 공의를 나타내셨습니다. 그러므로 우리가 이 같은 공의로운 십자가를 깨닫게 될 때 죄를 미워하고 또한 하나님의 법을 중히 여기는 생활의 십자가를 지게 되는 것입니다.

4. 사랑

세상 사람들은 사랑을 흔하게 말합니다. 사랑하는 아내, 사랑하는 남편, 사랑하는 친구, 사랑하는 선생님, 사랑하는 목사님, 사랑하는 장로님, 사랑하는 집사님 하며 '사랑, 사랑' 하지만 여기에 참된 사랑이 있습니까? 세상의 사랑은 그림자와 같아서 밝을 때는 잘 따라오지만 어두우면 달아납니다. 자기에게 좋게 하면 사랑이라 하지만 조금이라도 마음에 들지 않으면 냉정하게 박차 버리는 것이 세상의 사랑입니다.

모스크바에 흉년이 들었는데 어떤 아기 엄마가 며칠을 굶었습니다. 풀뿌리라도 캐어 먹으려고 들에 나왔는데 등에 업힌 어린애가 젖을 먹겠다고 졸랐습니다. 그러나 삼 일간이나 굶은 어머니 가슴에서 젖이 나올 리가 없었습니다. 그래서 그 어머니는 주머니에서 작은 칼을 꺼내 젖꼭지를 찢어 피를 내어 아이에게 물렸습니다. 이렇게 어린것에게 피를 빨리던 어머니는 결국 기절했다고 합니다. 모성애의 참사랑입니다.

우리 주님이 목마르고 굶주린 우리를 위해 희생의 피를 흘려 주셨으니 우리도 주님을 위해, 남을 위해 희생의 생활을 하는 것으로 그 십자가를 져야 합니다.

5. 평화

하나님과 인간 사이에 또는 사람과 사람 사이에 "화평케 하는 자는 복이 있나니 저희가 하나님의 아들이라 일컬음을 받을 것임이요"(마태복음 5:9)라고 했습니다. 악마는 하나님과 인간 사이에 항상 참소하여 이간을 붙이고, 또 사람과 사람 사이에 이간을 붙여 불평, 불만, 원망, 시비, 분쟁이 가득한 세상이 되게 했습니다. 이러므로 그리스도인은 하나님과 원수 된 인간들에게 복음을 전해 하나님께로 인도하고, 중보의 기도로 하나님의 사랑을 인간에게 미치게 할 것이며, 십자가를 지고 화목케 하는 직책에 충성해야 합니다.

어떤 부부가 결혼한 날부터 밤낮 싸우다가 마침내 합의이혼을 했습니다. 재판소에 가서 수속을 하는데 재판장이 "참말로 백년가약 맺은 것을 하루아침에 파괴할 것이냐?"라고 다짐을 확인했습니다. 그러자 두 남녀는 굳은 결심을 보이며 "이렇게 이상이 맞지 않는 사람과 항상 분쟁하면서 같이 사는 것보다 차라리 헤어져서 각각 이상이 맞는 사람을 만나는 것이 좋겠다"고 단언했습니다.

재판장이 부부 사이에 있는 6, 7세 되는 아이를 가리키며 "그럼, 저 어린 딸은 어찌할 것이냐?"고 하니, 남편은 "물론 내 자식이니 내가 데려가야지요" 하였고, 아내는 "흥! 내가 낳아서 기르느라고 얼마나 고생했는데 내가 길러야지요" 하고 또 싸우는 것입니다. 재판장이 "그럴 것 없이 어린 것이 이제는 철이 들었으니 아버지를 따라간다면 남편에게 주고 어머니를 따라간다면 아내에게 줄 것이다"라고 하자 방청석에서는 명재판이라고 찬성했습니다.

재판장은 어린아이에게 "화목네야, 너희 아버지와 어머니는 같이 살지 못하고 아버지는 저 먼 곳으로 가고 어머니도 다른 데로 멀리 헤어져 살게 되었다. 너는 누구를 따라가서 살겠니?" 하고 물었습니다. 그러자 어린 딸은 눈을 깜박깜박하더니 "아버지도 내 아버지고" 하며 아버지 손을 꼭 쥐고, 또 다른 손으로 어머니 손을 꼭 붙잡으면서 "어머니도 내 어머니야. 난 아무도 못 놓겠어요" 하며 하염없이 우는 것입니다.

그 처량한 울음에 온 방청객도 울고 재판장까지도 눈물을 흘렸습니다. 이윽고 독을 품은 것 같던 남편이 눈물을 흘리며 "여보, 우리 아이 때문에 이혼하면 안 되겠구먼. 다시 가서 살면 어떻겠소?" 하니, 아내도 독사 같은 마음을 풀고 "그럼, 도로 가서 삽시다" 하고 화목네를 한 손씩 붙들고 돌아가서 그럭저럭 잘 살았다고 합니다.

우리도 분쟁과 파쟁으로 싸우는 교회와 사회에서 화목동이가 되려면 십자가를 지지 않으면 안 될 것입니다.

결말

우리 그리스도인은 대속의 십자가의 참된 사랑에 녹아져서 항상 감사 찬송으로 십자가를 자랑하고, 나의 과거 현재 미래의 자아중심 주의를 십자가에 못박아 매장해야 합니다. 그래서 산 그리스도가 내 중심에 계시어 살든지 죽든지 주님 한 분만으로 만족한 생활을 보내며, 아버지와 인류를 위해 주님께서 맡기신 십자가를 지고 날마다 그가 가신 자취를 따라 승리의 개선가를 부를 때까지 십자가를 사랑해야 할 것입니다.

사랑의 강단. 1961.

주를 좇는 자와 각오

> 예수께서 제자들에게 이르시되 누구든지 나를 따라오려거든
> 자기를 부인하고 자기 십자가를 지고 나를 따를 것이니라 (마태복음 16:24)

예수님의 제자가 된다는 것은 우리가 쉽게 생각할 일이 아닙니다. 거기에 얼마나 많은 희생과 용기 있는 결단이 있는지를 알아야 합니다. 오늘날 장사에 실패하고 갈 곳 없어서 신학교에 들어와 수양을 받고 사역자가 되려는 사람과는 아주 다르다고 생각합니다.

제자들이 육지에 배를 버리고 그물을 버리고 예수님을 따른 것은 현재의 직업을 당장에 버리고, 다시 말하면 부모와 처자를 생각할 여지 없이 다 버리고 주를 따르겠다고 일어선 것입니다. "너는 나를 좇으라" 하시는 예수님의 말씀과 그 위대하신 인격에 감화를 받아 그들의 손에서 아직 생선 비린내가 가시기 전에 툭툭 털고 벌떡 일어선 것입니다.

이 얼마나 용감한 일입니까! 오늘 우리 가운데 예수를 믿는다고 하는 자는 이러한 정신에서 출발하지 않으면 안 됩니다. 과거의 생활, 즉 인습과 환경에서, 또 맺어진 모든 인연에서 손을 떼고 툭툭 털어 새 생활에 들어서는 용단 없이는 하지 못할 일이라고 생각합니다.

예수를 잘 믿는 것은 우유부단한 졸장부로서는 못하는 일이라고 생각합니다. 그러므로 참 각오와 용기가 없으면 나서지 못할 일이며, 나섰다 할지라도 중도에 넘어지고 마는 것입니다. 예수를 믿기 시작한 사람은 많지만 끝까지 성공하는 사람이 적은 까닭이 바로 그것입니다.

《천로역정》에 보면 기독자가 멸망을 앞둔 장망성將亡成을 떠나 천성을 향해갈 때 순풍에 돛단배와 같이 일사천리로 간 것이 아닙니다. 무쌍한 변화와 무쌍한 난관이 많지 않았습니까? 그 기독자를 따라 연약자라는 사람이 따라나서기는 했지만 그는 그만 낙담의 늪에서 돌아서고 말았습니다. 주를 따르는 우리 신자가 당하는 어려운 일은 예측하기 어렵습니다. 그러니까 '주를 따르는 자'라는 생각 아래에는 반드시 '각오'라는 큰 결심까지 동반해야 하는 것입니다.

자기를 이길 것

자기를 이긴다는 것은 쉽게 생각할 일이 아닙니다. 자기를 부인하고, 자기를 포기하고, 자기를 찢어 버리는 일이기 때문입니다. 사람이 자기로 더불어 싸워 이긴다는 것은 세상의 모든 경험 중에 가장 고상한 경험입니다.

살아가기 위해 직업 전선에서 싸우고 자기를 해치려는 원수와 싸우는 일은 누구나 힘을 다합니다. 그러나 자기를 이긴다는 일은, 직업 전선이나 원수와 싸우는 일이 아닙니다. 세상생활 범위에서 벗어나 신앙생활 범위 안에서 살 때 비로소 싸움의 상대자가 자기 자신이라는 것을 알게 됩니다. 그러므로 바울은 "내가 내 몸을 쳐 복종하게 한다"(고린도전서 9:27)고 했습니다. 이것은 속에 있는 죄악의 성질과 싸운다는 뜻이 아니요, 육체의 욕심을 제재한다는 말인 것을 알아두어야 합니다.

주를 따르려 하는 자의 생활은 먼저 자기중심의 생활을 버려야 한다는 말씀입니다. 사람이 생활한다는 것은 자기를 중심으로 삼는다는 말입니다. 즉 자기를 기쁘게 하고, 자기를 평안케 하고, 자기를 살게 하는 것입니다. 다시 말하면 그 사람의 하는 일 전부가 자기를 위해서라는 조건에서만 움직인다는 것입니다.

그러나 주를 따른다는 것은 이러한 생활 범위에서는 불가능합니다. 자기를 부인하고 군복을 입고 전선에 선 병정과 같이 자기를 세우신 자를 위해 생활하는 정신을 가져야 합니다. "우리 중에 누구든지 자기를 위하여 사는 자가 없고 자기를 위하여 죽는 자도 없도다. 우리가 살아도 주를 위하여 살고 죽어도 주를 위하여 죽나니 그러므로 사나 죽으나 우리가 주의 것이로라"(로마서 14:7-8) 하는 바울의 철저한 생활을 깨달아야 합니다.

자기를 버리는 데 철저했던 바울은 동족을 사랑함에는 "골육의 친척을 위하여 내 자신이 저주를 받아 그리스도에게서 끊어질지라도 원하는 바로다"(로마서 9:3) 하여 진정한 애국자가 되었고, 교회를 사랑함에는 "날마다 내 속에 눌리는 일이 있으니 곧 모든 교회를 위하여 염려하는 것이라"(고린도후서 11:28) 하여 진정한 목자가 된 것입니다. 이처럼 자기를 참으로 이기고 버린 자가 되지 않으면 진정한 애국자도 될 수 없다고 단언합니다.

엘리사가 엘리야의 받은 성신을 배나 더 받으려고 따라다닐 때 마지막으로 엘리야가 승천하고 보이지 않자 자기 옷을 벗어 찢었습니다. 그리고 나니까 마침 엘리야가 벗어 던진 두루마기가 둥둥 떠서 내려왔습니다. 엘리사는 재빨리 그것을 받아서 입었습니다. 그리고 이 두루마기를 가지고 요단강을 치자 요단강이 갈라졌습니다. 엘리사가 자기 옷을 찢었다는 사실은 우리에게 교훈을 줍니다. 오순절 다락방의 제자들도 '자기'라는 옷을 찢을 때 비로소 하늘로서 권능의 두루마기가 내려왔습니다. 아담과 하와도 무화과나무 잎사귀로 만든 치마를 벗고서 하나님이 주시는 가죽옷을 입고 그 앞에 용납을 받았으며, 마리아는 옥합을 깨뜨려 향기로운 기름을 주께 바쳤으니 이는 자기를 부인하고 이기고 주를 기쁘게 하는 일에 적합한 사례가 됩니다.

인정이나 의식에 얽매이지 말 것

손에 쟁기를 잡은 자가 뒤를 돌아보는 것은 합당치 않습니다. 그리스도 예수의 사람은 그 육체를 십자가에 못박았나니, 곧 정욕과 욕망까지 못박았습니다. 인정 관계에 얽매이지 말라는 것입니다.

세상에는 사사로운 정이나 관계에 이끌려 나를 얽어매는 문제가 많습니다. 그런데 이것들을 일일이 돌아보다가는 주를 좇을 수가 없습니다. 아담은 자기 아내의 말을 차마 거절하지 못하고 같이 선악과를 먹었으니 남의 죄에 같이 빠진 셈입니다. 그러나 신앙의 조상 아브라함은 이러한 사사로운 관계로 오는 문제를 사정없이 물리쳤습니다. 애첩 하갈과 그 소생 이스마엘을 축출하라고 하실 때 인정 없이 축출했고, 독자 이삭을 잡아 제사하라고 할 때도 끝까지 순종한 것을 보십시오.

천진한 아들을 잡아 제사를 드리려고 사흘 길이나 갈 때 인정이 있는 아브라함의 심정은 어떠했겠습니까? 그뿐일까요? 모리아산에 이르러 이삭이 "불과 나무는 여기 있지만 제물은 어디 있나요?" 하고 물을 때, 아브라함이 인정으로 생각하자면 여기서 넘어졌을 것입니다. 그러나 아브라함은 하나님의 명령에 순종으로 일관했습니다.

이스라엘이 법궤를 블레셋에서 옮겨 올 때 새끼 낳은 소로 하여금 멍에를 메고 법궤를 끌고 가게 했습니다. 갓 낳은 새끼를 뗀 어미 소가 아무 소리 없이 좌우로 치우치지 않고 앞만 보고 가는 것으로 주의 권능을 나타낸 것입니다. 게다가 법궤를 메고 벤세메스에 다다라서는 그 소를 잡아 제사를 드렸으니(사무엘상 6:10-14), 이것은 너무 잔인한 것 같지만 후대에게 교훈을 주는 것입니다. 집에 새끼를 두고도 돌아보지 않고 앞만 향해 걸어가는 소, 마지막 생명까지 바쳐 제물이 된 소, 이 소는 사명을 위해 전부를 바친 주의 뒤를 따르는 사역자의 그림자입니다. 오늘날 주의 교회를 메고 나가는 사역자는 자신이 이 소의 운명인 것을 각오해야 합니다.

어리석은 제 이야기를 한다면, 모친이 별세했다는 슬픈 소식을 듣고 여러 해 만에 고향에 갔으나 곧 만주 교회에 약속된 집회 일자가 가까이 닥쳐와 겨우 하룻밤만을 집에서 쉬고 그 이튿날 새벽에 떠나게 되었습니다. 집에서는 제가 와야 시끄러운 집안일이 정리되리라고 기다렸으나 불과 몇 시간 만에 떠나게 되니 참 딱한 사정이 많았습니다. 그러나 주의 정병精兵은 사사로운 일에 매이지 않는다는 말에 위협을 받아서 캄캄한 길을 더듬으면서 집을 떠났습니다.

그날 이른 아침에 평양에 도착해 남의 집에서 공부하는 어린 딸들을 찾아갔습니다. 마침 어린 두 딸은 저희끼리 배급 받은 쌀로 죽을 끓여 놓고 찬바람이 휘휘 도는 냉방에 앉아서 떠먹고 있었습니다. 여러 날 만에 아비 만난 어린아이들은 퍽이나 반가워는 하는데 죽을 떠먹을 때마다 어려운 사정을 애원하듯이 저를 쳐다봤습니다. 아비 된 저로서는 마음이 비길 데 없이 심히 아팠습니다. 만주 집회를 연기한다고 전보를 치고 며칠간 아이들을 돌봐야 할 것이 아닐까 하는 생각도 일어났습니다. 그러나 저는 인정을 죽였습니다. 새끼 낳은 소를 생각했습니다. 아버지는 만주 교회에 집회 약속을 했으니 반드시 가야겠다 하고, 차마 일어서지 못할 사정을 이기고 벌떡 일어섰습니다. 차 시간에 도착하려고 바쁜 걸음을 재촉하다가 돌아보니 아이들이 아비를 전송한다고 추운 겨울날에도 불구하고 따라 나왔습니다. 뒤축이 다 떨어진 운동화를 끌고 양말은 여기저기 구멍이 나서 붉은 살이 나오고 따뜻한 털모자 하나 쓰지 못하고 떨어진 수건으로 귀를 싸매고 따라온 모습을 볼 때 '에라 돌아서자. 만주 일자는 좀 연기하자'는 생각이 또 들었습니다.

하지만 또 하나님의 법궤를 멘 새끼 뗀 소가 번개같이 떠올라 다시 결심하고 기차에 올랐습니다. 기차가 떠날 때까지 가라고 해도 들어가지 않고 떠나는 아비를 전송하려고 떨고 서 있는 어린 딸들을 보니 자연히 눈물이 흘러나왔습니다. 기적 소리가 들리자 아이들은 오리발같이 빨갛게 언 두 손을 들어 흔들어 주었습니다. 저는 그들이 멀리 그늘 속에서 슬며시 사라져 가는 것을 보면서 평양역을 기어이 떠났습니다. 기적 소리가 사라지고 그들의 섰던 모습이 보이지 않을 때는 벌써 기차가 대동벌을 지나고 있었습니다.

그러나 제 가슴속에는 아이들의 붉은 두 손이 아직도 흔들리고 있었습니다. 이때의 심경은 전에 없던 가족애로 치우쳐서 얼마 동안 억제하기 어려웠습니다. 그러다가 "아! 너는 주의 멍에를 메고 가는 소가 아니냐? 뒤를 생각지 말고 앞만 향해 걸어가라"는 이 음성에 다시 용기를 얻어 목적지를 향했습니다.

남의 일을 간섭하지 말 것

이 말은 남이야 죽든지 말든지 자기 일이나 하면 그만이라는 오불관언吾不關焉(나는 그 일에 관여치 않겠다)의 처세주의를 가지라는 말이 아니요, 자기 신앙 목적에 방해를 받기까지 상관없는 남의 일에 간섭하지 말라는 말입니다. 과연 남의 일을 돌아가면서 이것저것 간섭하다가는 신앙에서 넘어질 수 있습니다.

솔로몬도 남의 일에 간섭하는 사람은 '싸우는 개의 귀를 잡는 일'(잠언 26:17)이라고까지 했습니다. 신앙은 자기와 하나님과의 관계이지 자기와 남과의 관계가 아닙니다. 다시 말하면 내 환경이야 어찌되었든지, 남이야 이러건 저러건, 이것들을 비교해 자기 신앙 목적에 방해받지 말고 믿음을 주장하사 완전케 하시는 예수님을 바라보고 나아가는 것뿐입니다. 포도원에서 일하는 어떤 품꾼처럼 남이 일을 적게 하고 삯을 많이 받든지 적게 받든지 자기가 주인과 약속한 삯을 받으라는 말입니다.

우리는 각각 자기 입장에서 주와 상대하여 살고, 남의 입장을 자기와 비교하여 신앙의 손해를 받지 말아야 하겠습니다. 남의 성공이나 남의 실패에도, 즉 감독이 타락하거나 말거나 이로 인해 자기 신앙에 상처를 받지 말아야 합니다. 웃시야 왕이 범죄하고 벌을 받아 죽던 해에 이사야는 도리어 성신을 받지 않았습니까?

허영심을 버릴 것

예수님 당시에 주를 따르던 사람 중에 예수님이 유대국에 등극하시면 좌승상이나 우승상을 바라던 자도 있었습니다. 오늘날도 이러한 허영심으로 교회에 출입하며 믿는 자가 있을 것입니다. 그러나 허영심으로 따라가는 자는 낙심하고 말 것입니다.

《천로역정》을 보면 기독자가 천성을 향해 갈 때 위선과 허례라는 두 사람이 담을 넘어 들어왔습니다. "너는 어디서 오는 사람이냐"고 물으니, 그는 "나는 이 담 넘어 허영이라는 마을에 산다"고 대답했습니다. 이 두 사람은 얼마 동안 가다가 고난의 언덕에 이르기 전에 곁길로 가고 말았습니다. 이것은 허영심으로 주를 따르려 하는 자가 실망하는 것을 말합니다. 우리는 무슨 일에든지 진실한 사랑으로 하고 허영으로는 하지 말아야 합니다.

사사로운 일에 얽매이지 말 것

제자 중 한 사람이 예수께 와서 말하기를 "나로 먼저 가서 내 부친을 장사하게 허락하소서"(마태복음 8:21) 할 때에, 예수님은 "죽은 자는 죽은 자로 장사하게 하고 너는 나를 따르라"(마태복음 8:22)고 대답하셨습니다. 이는 제자의 효심을 막는 것이 아니고 제일 목적을 다른 일과 바꾸지 말라는 말씀입니다. 이런 말씀을 보고 우리나라에서는 예수교가 아비도 모르고 어미도 모르는 도道라고 비방했습니다. 그러나 우리의 생활 수준이 점점 나아지고 문화가 향상됨에 따라 이해가 되어 간다고 생각합니다. 우리나라는 민생을 위해 하는 일보다 죽은 조상의 유골을 위해 하는 일을 더 크게 여겼습니다. 다시 말하면 생명을 위해 하는 일보다 죽고 썩을 일을 위해 얽매여 왔다는 말입니다.

낡은 부대에 새 술을 담지 못한다는 말씀과 같이 낡은 도덕으로는 주의 새 도를 감당치 못할 것입니다. 생명의 주를 따르는 것은 이러한 사소한 외식과 사사로운 일에 얽매이는 자로서는 감당치 못할 일입니다.

먼저 말을 되풀이한다면 제가 만주의 자무쓰佳木斯[1]라는 곳에 가서 집회를 인도하는데, 이때 모친의 병환이 위급하다는 급보가 왔습니다. 저는 이 전보를 보고 어찌할 바를 알지 못해 잠시 당황했습니다. 자식의 마음으로 부모의 마지막을 안 지키자니 안타깝고, 가자니 오래전부터 준비했던 집회가 시

---

[1] 헤이룽장(黑龍江)성 동부의 도시.

작되어 성황 중에 있는데 중지될 일을 생각하니 그도 차마 못할 일이고, 또다시 병석에 누우신 어머니가 자식을 기다리고 눈을 감지 못할 것을 생각하니 비통하기 짝이 없었습니다.

이런 어려운 처지에서 기도하는데, 제게 문득 "네가 만일 나라를 위해 출전하여 일선에서 싸운다면 이 전보를 받고 갈 수 있겠는가?" 하는 음성이 들려 왔습니다. 저는 그때야 비로소 결정할 수 있었습니다. 그리고 '나는 그리스도의 정병이니 사사로운 일에 매일 수 없다'는 결론을 내리고 집회를 계속하는데, 또다시 전보가 왔기에 송구한 심정으로 떼어 보니 어머니께서 그만 세상을 떠나셨다는 비보였습니다.

남은 집회를 마치고 그날로 출발하여 황급히 집에 도착하니 벌써 삼일 전에 장례를 지낸 뒤였습니다. 저는 어머니의 얼굴을 다시 한번 보지 못한 울적한 마음을 비할 길이 없어서 어머니께서 평소에 읽으시던 성경 갈라디아서를 이리저리 뒤져 보았습니다. 그러다가 어머니께서 친필로 적은 노래가 있는 것을 발견했습니다. 그리고 저는 돌아가신 모친을 생각하며 그 노래에 곡조를 만들어서 불렀습니다.

1. 하늘나라 우리 집 보석성의 내 집은
   영원무궁하도록 낡아짐이 없도다

2. 보석성에 우리 집 해와 달과 등불에
비치임이 없어도 항상 밝은 곳일세

3. 하늘나라 내 집은 먹을 예비 안 해도
열두 종류 다달이 과실 맺어 주도다

4. 보석성에 우리 집 의복 준비 안 해도
세마포와 흰 옷이 무궁무진하도다

5. 하늘나라 성도들 우리 임금 우리 주
영원무궁하도록 경배 찬양하도다

자, 이제 우리 사사로운 일에 얽매이지 말고 전심으로 주를 따라갑시다.

임마누엘 강단. 1955.

시련을 당하는 신자의 취할 태도

인류 시조 아담의 범죄 이후 어느 시대 어느 곳에든지 시험과 환난이 없지 않겠지만, 이 시대는 진실로 대환난의 시작이어서 온 세계적으로 국가적으로 교회로 가정으로 개인으로 영으로나 육으로나 환난과 고통은 제가 말하지 않아도 지금 각자가 잘 체득하고 있는 사실입니다. 혹자는 "말 말아라, 나는 무사태평이라"고 합니다. 옳습니다. 그러나 너무 장담하지 마십시오! 하룻밤에 무슨 일이 생길지 누가 알 수 있습니까? 아침에 웃음이 저녁에 눈물이 되고, 밤새 안녕이 그 다음날에 고통 됨을 누가 알겠습니까!

보십시오! 나라가 일어나 나라를 치고 백성이 일어나 백성을 칩니다(역대하 15:6). 악한 것이 성함으로 뭇사람의 사랑이 점점 식어지고(마태복음 24:12), 전쟁의 재난과 병으로 인한 괴로움, 홍수와 가뭄으로 우는 내 동포와 내 가족은 보기에도 딱하고 듣기에도 끔찍합니다. 그러나 우리 주님은 "너희가 세상에 있을 때 환난을 받으나 안심하라. 내가 세상을 이겼노라"(요한복음 16:33)고 말씀하셨습니다. 세상에 있는 동안 환난이 없을 수 없는 것이 하나님이 정하신 법과 규칙인 모양입니다. 이때에 야고보 선생을 통해 주신 말씀이 "나의 형제들아, 너희가 여러 가지 시험을 만나거든 순전히 기쁘게 여기라"(야고보서 1:2), "너희 중에 고생하는 자가 있느냐? 저는 기도하라"(야고보서 5:13)입니다!

고난을 받는 자의 취할 태도를 분명히 말씀하셨나니, 첫째는 여러 가지 시험을 만나거든 온전히 기쁘게 여기라고 하셨습니다. 왜 기뻐할까요? 몇 가지 이유를 기억하십시오.

첫째, 범사가 하나님께로 오는 줄 알기 때문입니다(고린도후서 5:18). 행복이나 불행, 생이나 죽음, 실패나 성공, 넘어지는 것이나 일어나는 것, 화와 복이 다 하나님의 입에서 나옵니다(예레미야애가 3:38). 하나님이 허락하지 않으시면 머리털 하나 떨어지지 않습니다(마태복음 10:29-30).

하나님의 은혜는 두 가지니, 단 것과 쓴 것으로 당신의 자녀들에게 처방하여 대접하시는 것입니다. 아이들에게 너무 단 것만 먹이면 이가 썩는 법입니다. 단 은혜는 옅은 은혜요, 쓴 은혜는 깊은 은혜입니다. "이 책을 가져다 먹으라. 입에는 꿀같이 다나 배에서는 쓰리라"(요한계시록 10:9-10). 그러므로 고난도 하나님이 주시매 감사히 기뻐 받을 것입니다.

우리 주님을 보십시오. 악당들에게 체포될 때 베드로에게 "칼을 집에 꽂으라. 아버지께서 주신 잔을 내가 어찌 마시지 않겠느냐"고 하셨습니다(요한복음 18:11). 그 십자가가 바리새인이나 제사장이나 유대인이나 로마 병정, 가룟 유다에게서 오는 것이 아니라 아버지가 주신 잔이라고 감사히 받으셨습니다.

다윗을 보십시오. 그 아들 압살롬에게 쫓겨 갈 때 설상가상으로 시므이의 저주를 받았습니다. 모든 부하가 분개할 때 다윗은 "스루야의 아들들아, 내가 너희와 무슨 상관이 있느냐? 그만두어라. 시므이가 저주하는 것이 아니라 하나님께서 시킨 것이라"(사무엘하 16:10-11)며 감사히 받았습니다.

또 인내의 성인을 보십시오. 감당하기 어려운 극단의 시련 중에도 "여호와께서 주셨다가 여호와께서 빼앗았으니 여호와의 이름을 찬송할 것이라"(욥기 1:21)고 하지 않았습니까? 주께서 고생과 수심을 인생에게 시키시매, 본심이 아니라고 하셨습니다(예레미야애가 3:33).

둘째, 우리 주님과 앞서간 성도의 생활을 바라보아 그 고난에 참예하는 것으로 즐거워하십시오(베드로전서 4:12, 16). 《천로역정》에서 기독자가 죽음의 골짜기를 지날 때 고민이 극심하더니 앞에 가는 신실의 찬송 소리를 듣고 세 가지 위로를 받았습니다. 이런 곳에 나 혼자 있는 줄 알았더니 타인도 있구나, 나는 근심하는데 저 사람은 찬송하는구나, 나도 따라가면 저 사람과 같이 동행하겠구나 하는 것입니다.

우리도 시험당할 때 나 혼자 당하는 줄 알지 마십시오. 우리 주님은 일생을 고苦로 시작해 고苦로 마치셨습니다. 그의 자취를 따르는 고금의 모든 성도, 곧 바울, 베드로, 폴리캅 Polycarp[1], 주기철, 최권능 목사를 바라보십시오.

셋째, 고苦는 낙樂의 근본입니다. 그러므로 소망 중에 즐거워하십시오. 작은 고난에는 작은 기쁨이 있고 큰 고난에는 큰 기쁨이 따릅니다. 비가 올 때는 항상 올 것 같으나 개는 날이 있고, 바람이 불 때는 늘 불 것 같으나 잔잔한 날이 오나니 추운 겨울이 지나면 따뜻한 봄이 오고, 무더운 여름이 지나면 맑고 한가한 가을이 옵니다. 주의 날은 해산하는 수고라

---

[1] 서머나 교회의 감독으로 신약시대 이후 초대교회 순교자 중 한 사람이다. 사도 요한의 수제자로 알려져 있다.

하여 산모의 출산이 임박한 때는 죽을 고비에 이른 위험한 상황이나, 순산 후에 자녀 기르는 재미가 어떠합니까?(요한복음 16:21)

넷째, 환난은 그 사람의 인격을 검사하는 시금석입니다(고린도전서 3:13). 금과 은과 보석의 집인지, 나무나 풀이나 짚으로 지은 집인지 불의 연단으로 그 수고가 드러나는 것이요, 모래 위의 집인지 반석 위의 집인지는 비가 내리고 바람이 불고 장마가 들어야 판단하는 것이며, 선한 목자인지 고용되어 돈을 받고 일하는 목자인지는 이리가 와 봐야 아는 것입니다.

목마르고 굶주린 양을 누가 돌아보겠습니까? 불한당을 맞은 조선 교회를 누가 고치겠습니까? 목이 말라도 생수를 찾지 못하고, 배고파도 먹을 것을 찾지 못하고, 병들어도 스스로 고칠 줄 모르고, 악한 짐승이 와도 막을 줄 모르는 무지하고 연약한 양들을 누가 돌아보겠습니까?

오늘날 선한 목자 대신에 삯꾼 목자가 많고, 삯꾼 목자 대신에 이리 목자가 많고, 이리 목자 대신에 악령의 사자가 가득합니다. 평안 무사할 때야 누군들 잘 못 믿겠습니까? 일제시대 교회는 다 어떠했으며, 해방 후 교역자들은 다 어디로 갔는지, 각자의 정체는 잘 폭로되었을 것입니다. 우리 모두 반성합시다.

"동남풍아, 불어라. 서북풍아, 불어라. 가시밭에 백합화, 예수 향기 날리니."

가시밭은 백합화에게 불행이 아닙니다. 왜? 가시밭이 없으면 장난꾸러기 아이들이 백합화를 꺾을 것입니다. 오늘 성도 주위에 있는 시험과 환난은 결코 불행이나 재난이 아니라 우리를 보호하시는 하나님 사랑의 울타리입니다. 할렐루야!

저 산 밑에 백합화 빛나는 새벽별
가시밭에 백합화 아름답고 귀하나
예수님 내 주여 내 중심에 오소서
주님 한 분만으로 만족하옵니다

활천. 제231호. 1946. 9.

2장

성결한 삶

너희는 어떠한 사람이 되어야
마땅하겠느뇨?

사랑하는 자들아 주께는 하루가 천 년 같고 천 년이 하루 같다는 이 한 가지를 잊지 말라
주의 약속은 어떤 이들이 더디다고 생각하는 것 같이 더딘 것이 아니라
오직 주께서는 너희를 대하여 오래 참으사
아무도 멸망하지 아니하고 다 회개하기에 이르기를 원하시느니라
그러나 주의 날이 도둑 같이 오리니 그 날에는 하늘이 큰 소리로 떠나가고
물질이 뜨거운 불에 풀어지고 땅과 그 중에 있는 모든 일이 드러나리로다
이 모든 것이 이렇게 풀어지리니 너희가 어떠한 사람이 되어야 마땅하냐
거룩한 행실과 경건함으로 하나님의 날이 임하기를 바라보고 간절히 사모하라
그 날에 하늘이 불에 타서 풀어지고 물질이 뜨거운 불에 녹아지려니와
우리는 그의 약속대로 의가 있는 곳인 새 하늘과 새 땅을 바라보도다 (베드로후서 3:8-13)

하루를 천 년같이, 천 년을 하루같이 참으시는 하나님의 사랑이 이렇게 간절한데 여러분은 어떠한 사람이 되어야 마땅하겠습니까? 또 한편으로 주의 날이 도적같이 오고 심판의 날이 가까워 오는데 여러분은 어떠한 사람이 되어야 마땅하겠

습니까?

어떤 부자가 아내의 죽음을 당한 뒤 새 장가를 들어 젊은 색시를 데려왔습니다. 그런데 여자가 시집온 날부터 남편의 속을 많이 썩이는데, 밥을 하라고 하면 죽을 쑤고 죽을 쑤라고 하면 밥을 하고, 가라면 오고 오라면 가고, 앉으라면 서고 서라면 앉곤 했습니다. 남편은 아내 나이가 어려서 그렇겠지 하고 모든 것을 참았더니 아내가 나이가 들고 나니 외도에 눈을 떴습니다. 간통한 남자를 두고는 볼썽사납게 굴기까지 하는 것입니다.

남편이 여러 번 권면해도 아내는 조금도 회개하는 빛이 없고 오히려 이혼을 강요했습니다. 남편이 허락하지 않으니까 아내는 간통한 남자와 공모하고 남편의 밥에다 독약을 넣어 죽이기로 결심했습니다. 남편이 밥을 먹다가 토하고 구사일생하여 아내를 불러 책망했으나 아내는 조금도 회개하지 않고 반항하기에, 남편은 할 수 없이 간통한 남자를 책망하고 아내와 함께 멀리 가서 잘 살라고 놓아주었습니다.

그 아내는 간통한 남자와 손에 손을 잡고 현해탄을 건너 일본에 가서 얼마간은 재미있게 살았습니다. 그러나 죄악으로 맺어진 사랑은 오래갈 수가 없는 것입니다. 그 사나이가 그 여자를 술집 유곽에다가 팔아먹은 것입니다. 그 후로 그 여자는 불의의 씨를 배고 만삭이 되어 술 단지를 부둥켜안고 오고 가는 뭇사람에게 술을 팔고 육체를 팔며 비참한 고통의 생활을 보내고 있었습니다.

원수는 외나무다리에서 만난다고, 그 본남편이 일본에 갔다가 우연히 그 아내를 보고 너무 반갑고 감격해 달려가서 "너 여기 웬일이냐?" 하고 손목을 꽉 잡았습니다. 그 여자가 깜짝 놀라며 가만히 있다가 눈을 흘기며 "무얼 하러 왔소?" 하고 쏘아붙였습니다.

"나는 너를 보러 왔다."
"이것을 보면 뭘 해요?"
"너, 내 품을 떠나더니 잘 되었구나."
"잘 됐건 못 됐건 당신이 무슨 상관이오?"
"대관절 얼마에나 팔려 왔노?"
"당신이 물어보구려."
"여보, 주인! 이 여자 얼마에 사 왔소?"
"돈 많이 주었지요."
"여보시오, 이 여자 도로 돌려 주시오. 이 여자는 내 아내요."

결국 본남편은 많은 배상금을 치르고 그 아내를 되찾았습니다.

그 여자가 남편에게 "저는 데려다 무엇해요?" 했지만, 남편은 "어서 가자. 너는 나의 사랑하는 아내가 아닌가?" 하고 데리고 한국에 와서 그 간통한 남자의 자식을 낳게 했습니다. 그리고 그 아이를 제 아이보다 더 사랑하고 귀여워하며 그 더러운 여자인 아내를 전보다 더욱 사랑해 주었습니다.

이제 이 여자가 어떠한 사람이 되어야 마땅하겠습니까? 또 그 여자는 누구입니까? 그 여자는 이 글을 쓰는 저를 비롯해 모든 인생입니다. 이 세상에 없던 우리를 귀한 인간으로 만드시고, 핏덩어리로 생겨난 우리를 먹여 주시고 입혀 주시고 길러 주심은 인간들이 하나님을 영화롭게 하고 주신 양심대로 살다가 영원한 천국의 복락을 누리게 하고자 함인데, 우리는 간통한 남자 같은 악마에게 속아서 생명의 근원이요 만복의 근원이신 하나님을 버렸습니다.

또한 속절없이 멸망 받을 우리를 위해 독생자까지 주시고, 독생자께서는 하늘의 영광을 버리고 이 세상에 오시어 탄생 이후 최후까지 십자가를 지시고 녹아지고 사라져 피 한 방울 남기지 않고 쏟아 우리를 구원하사 악마의 포로 됨에서 석방시키시고, 멸망의 자식을 하나님의 자녀로 삼아 영생의 복락을 누리게 하셨습니다. 그러나 우리는 그 사랑, 그 은혜를 등한히 하고 과거에 주님 가슴에 창칼을 박은 것도 원통한데 가시 같은 잘못을 계속 박았습니다. 하루를 천년 같이 천년을 하루같이 참으시는 하나님의 사랑이 이렇게 간절한데 여러분은 어떠한 사람이 되어야 마땅하겠습니까?

이와 같이 넓고 깊고 크신 사랑에
아직 감복 않는 자야 사람이라 할까
죄인 괴수 이 사랑에 녹아져서
이 몸 드려 이 사랑을 전하렵니다

주의 날이 도적같이 올 터인데 여러분은 어떤 사람이 되어야 마땅하겠습니까? 주의 날이 도적같이 온다는 말씀은 다음과 같이 두 가지로 생각하면 좋겠습니다.

첫째는 개인에게 주의 날이 도적같이 올 것이라 생각할 수 있으며, 둘째는 주님의 재림의 날이 도적같이 올 것을 생각할 수 있을 것입니다. 우리가 참으로 성결한 승리의 생활을 하려면 '우리의 생명이 오늘이 마지막 날이라면……'이라는 생각을 잊지 말아야 할 것입니다. 과연 모든 육체는 풀과 같고 그 모든 영광은 풀의 꽃과 같습니다. 내일 일을 자랑하지 마십시오. 하룻밤에 무슨 일이 생길지 모릅니다.

어떤 사람은 밤에 자다가 죽고, 밥 먹다가 죽고, 차를 타고 가다가 죽고, 자동차 사고로 죽고, 일하다가 죽고, 학교에서 죽고, 설교하다가 강단에서 쓰러지고, 기도하다가도 죽습니다. 여러분의 생명은 무엇입니까? 아침에 있다가 없어지는 안개입니다. 지혜로운 자의 마음은 초상집에 있지만 어리석은 자의 마음은 잔칫집에 있습니다. 초상집에 가는 것이 잔칫집에 가는 것보다 낫다고 솔로몬 임금은 말씀하셨습니다(전도서 7:2).

인삼 녹용 좋다 해도 늙는 길 못 막고
진시황의 불사약도 죽는 데 허사라
인생 한 번 죽는 길을 누가 감히 피할쏘냐
분명하다 이 큰 사실 너도 나도 다 당하네

주님은 도적같이 다시 오십니다. 심판하러 오십니다. 주님께서 택한 신부를 영접하러 오십니다. 도적같이 오신다는 말은 무엇입니까? 그것도 두 가지로 생각하면 좋을 것입니다. 첫째는 어느 때 오실지 알지 못한다는 말씀입니다. 생각하지 않을 때에 오신다고 하셨습니다. 그러므로 "너희는 예비하고 있으라"고 하셨습니다. 종종 제가 부흥회에 갔다가 밤중에나 새벽에 집에 들어가면 식구들이 깊이 잠들고 방심했다가 당황하는 것을 많이 봅니다.

제가 수원에서 교역할 때의 일입니다. 전도사와 심방을 갔었습니다. 때마침 여름이라 시어머니, 며느리, 딸 모두가 윗저고리를 벗고 치마도 벗고 홑바지 바람으로 마루에 발을 치고 낮잠을 자고 있었습니다.

전도사가 들어가면서 "여보세요, 웬 잠을 이렇게 잡니까? 선생님 오십니다" 하니까 모두 일어나면서 "야, 내 치마, 내 적삼" 하며 떠드는 것입니다. 주책없는 시어머니가 먼저 치마를 입고 치마끈을 매면서 "들어오세요. 들어오세요" 하기에 다 입은 줄 알고 따라 들어갔다니, 며느리가 아직 적삼을 못 입고 헤매다가 제가 들어서니까 "에구머니나" 하더니 뒷문으로 벌거숭이로 뛰어나갔습니다. 저는 모르는 척하고 앉아서 기도하는데, 며느리가 딸 이름을 부르면서 "영자야, 영자야, 내 적삼 내 적삼" 하는데 영자는 아무리 보아도 적삼을 찾을 수 없었습니다. 잠잘 적에 어디다 구겨 놓았는지 알 수가 없었던 것입니다.

그때 성경 한 절이 생각났습니다. "보라, 내가 도적같이 오리니 누구든지 깨어 자기 옷을 지켜 벌거벗고 다니지 아니하며 자기의 부끄러움을 보이지 아니하는 자가 복이 있도다"(요한계시록 16:15). 세상 술에 취해 허영의 꿈을 꾸면서 입었던 의의 옷, 성결의 옷, 사랑의 옷, 광명한 갑옷을 다 벗어 버리고 그리스도를 옷 입듯 하라(갈라디아서 3:2) 하셨습니다. 그런데도 많은 사람이 그리스도와 친근하지 못하고, 스스로 부요하여 부족한 것이 없다고 하지만 제가 보기에는 곤고한 것과 가련한 것과 가난한 것과 눈먼 것과 벌거벗은 것을 알지 못하는 라오디게아 신자 같은 자가 부지기수입니다.

또한 도적같이 온다는 말씀은 제대로 된 신자, 값있는 신자, 좋은 신자를 데려간다는 것입니다. 도적이 오면 헌 고무신짝 가져가겠습니까? 새것, 좋은 것을 가져갈 것입니다. 도적이 오면 헌 기저기 같은 것 가져갑니까? 금가락지, 양단 저고리같이 귀중한 것을 가져갈 것입니다. 주님이 오실 때 가장 먼저 당하는 일은 도적을 맞는 것과 같은 일입니다. 두 사람이 밭에서 일할 때 한 사람은 데려가고 한 사람은 버려둡니다. 열 처녀 중에 다섯은 데려가고 다섯은 버림받습니다. 여러분은 어떠한 사람이 되어야 마땅하겠는지 생각하십시오.

주님께서 세상에 계실 때 씨 뿌리는 비유를 하셨습니다. 어느 농부가 씨를 뿌렸는데 어느 씨앗은 길가에 떨어져 새가 와서 다 쪼아 먹고, 어느 씨앗은 자갈밭에 떨어지니 싹이 나오기는 하나 뿌리를 깊이 박지 못해서 해가 내리쬐니 또한 말라 죽었고, 어느 씨앗은 가시덤불에 떨어지니 싹이 나와서 자라나도 가시덤불에 막혀 열매를 맺지 못하고 시들어지고, 마지막으로 옥토에 떨어진 씨앗만 깊이 뿌리를 내려 무럭무럭 자라나 열매를 100배, 60배, 30배를 맺었으니 귀가 있어 들을 자는 들으라 하셨습니다(마태복음 13:3-9).

처음 듣는 사람들은 무슨 비유인지 짐작할 수 없을지도 모릅니다. '씨앗'은 바로 하나님 말씀을 뜻합니다. 이 말씀은 꼭 씨앗과 같습니다. 씨앗은 납작한 것도 있고 둥그스름한 것도 있고 길쭉하고 모난 것도 있습니다. 여러 가지 빛깔과 모양이 있다 해도 그것 자체로는 보잘것없이 적은 것이지만 그놈이 땅속에 들어가면 위대한 역사를 이루는 것입니다.

이 성경말씀은 어떻게 보면 신화 같기도 하고 역사책 같기도 하고 잡지 같기도 하지만 사람의 심정에 들어가면 저 같은 아주 못된 부랑자가 변하여 목사가 되어 일생 동안 많은 열매 맺는 일을 하게도 하는 것입니다. 그 씨앗을 받는 마음밭은 대개 네 가지 종류로 나눌 수 있습니다.

첫째는 길바닥과 같이 강퍅한 마음입니다. 길바닥은 사람이 왔다 갔다 하고, 짐승이 왔다 갔다 하고, 자동차와 수레가 다녀서 뺀질뺀질 닳고 굳어진 땅입니다. 오늘날 모든 사람 마음속에는 길바닥 같은 마음, 돌과 같은 마음이 있습니다. 공작새와 같은 교만이 왔다 갔다 하고, 염소 같은 음란이 왔다 갔다 하고, 돼지 같은 욕심이 왔다 갔다 하고, 호랑이 같은 포

악함이 왔다 갔다 하고, 독사 같은 복수심이 왔다 갔다 하고, 여우 같은 의심이 왔다 갔다 하여 그 마음은 뜨겁게 달궈진 쇠에 화인(火印) 맞은 것같이 아무리 하나님의 말씀이 떨어져도 아무 감응이 없는 것입니다.

둘째는 자갈밭 같은 마음입니다. 자갈밭은 겉에는 흙이 있으나 속에는 돌멩이가 있어 씨앗을 냉큼 받기는 잘 받으나 속에 뿌리를 박지 못해 시험을 이기지 못하니 오래 못 가는 일시적인 감정적 마음입니다. 《천로역정》에서 기독자를 따르던 연약자가 절망의 늪에 빠져 그만 기독자를 원망하고 돌아간 것과 같습니다. 자라 모가지는 평안할 때 한 발만치 쑥 나오다가 무엇이 건드리면 쏙 들어가고 맙니다. 무슨 칭찬이나 받고 영광을 얻으면 신이 나서 덤비다가도 좀 어려운 일을 만나면 '아이구, 난 모르겠다' 하고 물러가는 마음은 자갈밭입니다.

셋째는 가시덤불 마음입니다. 가시덤불은 재리(財利)와 욕심의 가시덤불입니다. 아무리 복음의 씨가 자라도 열매를 맺지 못합니다. "욕심이 잉태한즉 죄를 낳고 죄가 장성한즉 사망을 낳느니라"(야고보서 1:15). 모든 탐심을 물리치십시오. 탐심은 곧 우상입니다.

어떤 사람은 '교회에 나가면 술과 담배도 끊고 외도도 안 하니 돈 모으고 경제적이겠다' 생각하고 주일에 교회에 나갔다가 헌금 바구니가 도니까 '이크, 여기도 돈 드는 곳이로구나' 하고 물러났다고 합니다. 주는 자가 받는 자보다 복이 있다고 주님은 말씀하셨는데 구두쇠가 되어 욕심만 부리다가 이도 저도 다 놓쳐 버리는 가시덤불 인간은 가엾기 짝이 없습니다.

또한 걱정 근심의 가시덤불이 있습니다. 걱정해도 소용이 없고 염려해도 생명을 일각도 더할 수 없건마는 무얼 먹을까, 무얼 입을까, 무얼 마실까 하는 염려의 가시덤불로 귀한 생명의 씨앗이 자라지 못하는 것입니다. 모든 염려를 다 주께 맡기십시오. 주께서 우리에게 이같이 권고하셨습니다. "네 짐을 여호와께 맡겨 버리라"(시편 55:22).

큰 보따리 작은 보따리 다 주께 맡기고 "주 안에 있는 나에게 딴 근심 있으랴. 십자가 밑에 나아가 내 짐을 풀었네" 하면서 찬송과 감사로 사는 자는 행복한 사람입니다. 그러니 길바닥에 떨어진 놈도 실패요, 가시덤불에 떨어진 놈도 실패니 낙망과 실망뿐입니다.

그러나 걱정하지 마십시오. 마지막 옥토가 있습니다. 그곳에 떨어진 놈은 무럭무럭 자라나서 열매를 100배나 얻으니 길바닥, 자갈밭, 가시덤불, 본전의 네 알이 썩어지고도 96개나 남습니다. 아니, 60배 자리도 본전까지 네 알이 썩어지고

도 56개가 남습니다. 아니, 제일 적게 거두는 30배 자리도 길바닥, 자갈밭, 가시덤불, 본전의 네 알이 썩어지고도 26개가 남습니다.

전도자도 이 재미에 돌아다니는 것입니다. 전도한 많은 사람이 실패할 때는 낙망이 되지만, 그래도 여기저기 옥토들이 있어 나의 전도를 받아 목사 된 사람이 부지기수요, 장로, 집사, 전도사가 된 사람은 이루 헤아릴 수 없이 많습니다. 나 같은 죄인 괴수도 그 씨앗이 싹트고 자라 꽃피고 열매 맺어 35년간 많은 열매를 맺었으니 일본으로, 만주로, 한국 각지의 농촌 도시 산촌 섬 여러 곳에 맺힌 열매를 볼 때 위로가 풍성합니다.

그러나 또 한편으로 쭉정이가 많아 세상 풍조에 날아가고 이단 바람에 날아가고 환난 시험 바람에 날아가는 자도 많은 것을 볼 때 안타깝기 그지없습니다. 그래도 알맹이 있는 알곡들이어서 결단코 어느 바람에도 날아가지 않고 주의 곳간에 들어가는 자도 많습니다.

여러분은 어떠한 사람이 되어야 마땅하겠습니까? 길바닥입니까, 자갈밭입니까, 가시덤불입니까, 옥토입니까? 또한 알곡입니까, 쭉정입니까? 알곡은 모아서 곳간에 들이고 쭉정이는 꺼지지 않는 불에 사르는 심판의 주님이 문 앞에 이르렀으니 한 사람도 멸망치 않고 다 회개하여 성신 받아 알맹이가 있는 알곡, 열매를 맺는 알곡, 모든 바람에 날지 않는 알곡이 되시기를 바랍니다.

사랑의 강단. 1961.

모든 계명 중에 제일이 무엇입니까?

> 서기관 중 한 사람이 그들이 변론하는 것을 듣고
> 예수께서 잘 대답하신 줄을 알고 나아와 묻되
> 모든 계명 중에 첫째가 무엇이니이까 예수께서 대답하시되
> 첫째는 이것이니 이스라엘아 들으라 주 곧 우리 하나님은 유일한 주시라
> 네 마음을 다하고 목숨을 다하고 뜻을 다하고 힘을 다하여
> 주 너의 하나님을 사랑하라 하신 것이요
> 둘째는 이것이니 네 이웃을 네 자신과 같이 사랑하라 하신 것이라
> 이보다 더 큰 계명이 없느니라(마가복음 12:28-31)

이 세계에는 중대한 문제가 매우 많습니다. 종교 문제, 정치 문제, 경제 문제, 과학 문제, 기타 제반 문제가 인간들의 뇌를 피곤하게 하며, 각양 문제를 해결하려고 끼니까지 잊을 정도로 열중하며 동분서주로 활동하는 모양은 참으로 예나 지금이나 다를 바 없는 사회상입니다. 하지만 1900년 전 주님 당시에 바리새인과 서기관이 물은 최고 이상의 질문은 천추만

고千秋萬古(오래고 영원한 세월)에 가장 귀하고도 현명한 문제입니다. 동시에 그 해답은 과거 현재 미래를 통해 인간의, 아니 천상천하의 모든 문제를 해결하는 보배로운 열쇠가 됩니다.

우리는 성경에 등장하는 바리새인을 무시하고 서기관을 비방했습니다. 그러나 본문에 나온 서기관은 현명한 최고 이상의 소유자라고 생각됩니다. 세상 사람은 자기 생활의 제일을 알지 못합니다. 고려하지도 않습니다. 물론 하나님의 계명 문제는 염두에 두지도 않고 그저 유물주의, 향락주의에 파멸당하고 있습니다.

우리 크리스천 중에도 이 바리새인처럼 이상을 가지고 있으면서 때때로 이 중대한 문제를 뒤로하고 비참한 허위의 생활을 돌아봄이 롯의 처와 비슷한 자가 많지 않은지요? "너희들의 의가 서기관과 바리새인보다 더 낫지 못하면 결단코 천국에 들어가지 못하리라"(마태복음 5:20). 이 서기관이 이 중대한 문제를 다른 곳에서 해결하지 않고 예수께 와서 물은 것이 더 귀합니다. 우리도 각자 무슨 문제든지 주께만 가지고 와서 물으십시오. 우리 주님께서 친절히 대답해 주십니다.

"모든 계명 중에 제일이 무엇입니까?" 하거늘, 예수께서 대답하시되 "첫째는 이스라엘아 들으라. 주 곧 우리 하나님은 유일한 주시라. 네 마음을 다하고 성품을 다하고 뜻을 다하고 힘을 다하여 주 너의 하나님을 사랑하라 하셨고, 둘째는 이것이니 네 이웃을 네 자신과 같이 사랑하라 하신 것이라. 이보다 더 큰 계명이 없느니라"(마가복음 12:29-31). 아멘.

이 해답은 실로 우리 인간생활의 진수요 생명입니다. 누가복음 10장 28절에는 "이를 행하라. 그러면 살리라" 하셨습니다. 곧 영생하리란 말씀입니다. 우리는 이 중대한 해답이 분명히 그리스도의 입에서 나오신 말씀임을 보고 들어 감사하지 않을 수 없습니다.

첫째로 "주 너의 하나님을 사랑하라" 하셨습니다. 이는 실로 우리 신앙생활의 제일주의입니다. "너희는 먼저 그의 나라와 그의 의를 구하라. 그러면 이 모든 것을 너희에게 더하시리라"(마태복음 6:33).

사람에게는 무슨 일에나 앞뒤가 있습니다. 《대학大學》에 말하되 물유본말物有本末하고 사유종시事有終始하니 지소선후知所先後면 즉근도卽近道라 했습니다. 물건에는 근본과 끝이 있고 일에는 시작과 마침이 있으니 먼저 할 것과 나중 할 것을 알면 도道에 가까워진다는 말입니다. 마차 부리는 사람을 보십시오. 말을 앞세우고 차를 뒤에 두는 것이 법대로 하는 순서입니다. 만일 차를 앞세우고 말을 뒤에 두고 행진하려는 자가 있다면 이는 미치광이 아니면 바보가 아니겠습니까? 현대 유물주의를 앞세우고 하나님께 봉사하는 일을 등한히 여기는 자의 모든 무지와 불행이 여기에 있습니다.

하나님을 먼저 공경하고 사랑하십시오. 경애하되 마음을 다하여 하십시오. 마음이란 유대인의 심리학상 이지理智를 가리킴이라 합니다. 곧 하나님을 이해하여 그 선하시고 거룩하시고 완전하신 뜻을 분변하는 산 제사(로마서 12:1-2)를 드리십시오. '성품을 다하여'란 곧 이 세상의 자연적인 본성에 속한 정욕을 온전히 십자가에 못박아 사랑하라는 말씀입니다. 아브라함은 이삭에게 붙인 정을 주께 드렸습니다. 반면 베드로는 인정으로 그리스도의 십자가를 막다가 주님께 사탄이란 책망을 받았습니다. '뜻을 다하여'란 곧 내 의지를 천부의 의지에 복종하는 것입니다. 겟세마네 동산의 주님의 기도처럼 "내 뜻대로 마옵시고 오직 아버지의 뜻대로 하옵소서"(마태복음 27:39) 하는 태도입니다. 요나는 자기 뜻을 죽이지 못해 하나님의 뜻을 반역했습니다. 힘을 다하십시오. 천국은 힘쓰는 자가 얻습니다. 우리의 완력 수단 재주를 다 바쳐 날마다 힘을 다해 경건을 연습하십시오. 이 일을 인생의 최고 목적으로 생활하는 자가 진정 하나님의 자녀요 참 그리스도인입니다. 제일은 주기도문을 깊이 읽으십시오.

둘째로 이웃을 사랑하기를 자기 몸과 같이 하라 하셨습니다. 이는 제일과 같은 제이입니다. 어떤 사회주의자에게 전도했더니 그는 제게 배고픈 인간에게 먼저 빵을 주라 했습니다. 종교가 사회운동에 진출하지 않으면 시대에 뒤떨어진다고 합니다. 그러나 하나님을 알지 못하는 사회운동, 하나님을 경애하지 않는 사회사업은 비 없는 구름과 안개요, 물 없는 우물이요, 뿌리 없는 화초와 같습니다. 하나님을 사랑함이 없이 이웃을 참 사랑할 수 없습니다. 있다면 이기적이요, 일하고 받는 대가요, 욕구적으로 이웃의 감사와 사람들의 칭찬을 소망하게 됩니다.

자기 이웃을 어떻게 사랑할까요? 자기 자신의 몸같이 하십시오. 하나님의 사랑은 절대 사랑입니다. 절대복종의 정신으로 모든 것을 다 드려 자기를 제단 위에 불태워 없이 해야 합니다. 그러나 이웃을 사랑함은 방법이 판이하여 자기같이 사랑하면 됩니다. 사람에게는 과실이 많고 모순이 적지 않으니 이에 절대복종이나 맹목적 연애는 있을 수 없습니다. 이웃 사랑은 하나님이 아닌 자기 몸같이 사랑하라고 기준을 낮춰 주셨기에 훨씬 수월합니다. 나와 저 사람이 같이 하나님 앞에 설 것을 생각하십시오(로마서 14:10). 하나님은 나와 저를 동일하게 사랑하십니다(마태복음 5:45). 그러므로 내 대적이라도, 내 원수라도 하나님이 나와 같이 불쌍히 여기시고 은혜를 베푸시는 것을 깊이 마음에 새기십시오.

우리는 먼저 자아를 사랑하는 자가 되어야 합니다. 중국 춘추전국 시대에 위나라 임금 위령공衛靈公이 공자를 만나 말하기를 "내가 우스운 사람을 보았소. 누가 이사를 가면서 자기 처를 잊어버리고 갔소" 하니, 공자가 말하기를 "나는 그보다 더 우스운 사람을 보았소. 자기가 자기를 잃어버린 사람을 보았소" 하며 폭군의 대명사인 걸왕桀王(중국 고대 하왕조의 마지막 왕)과 주왕紂王(상왕조의 마지막 왕)이 그 사람이라고 했습니다. 아니, 금일에 자기를 망각하고 지내는 자가 어찌 걸왕과 주왕뿐이겠습니까. 참으로 자기를 사랑하십시오. 자기를 사랑하려면 사랑의 도를 알아야 합니다.

자기 사랑의 도는 제가 어릴 때 저의 부모가 잘 아셔서 가르치고 이끌어 주셨습니다. 제 부모의 사랑의 도를 제가 알지 못했다면 금일에 제 존재가 유지되었을까 의문입니다. 그러나 부모보다 저 자신을 사랑하는 방도를 천부께서 제일 잘 아시사 저를 최선으로 인도하십니다. 그래서 그 앞에 그 지도를 따라 사는 자만이 자기를 사랑하고 참 '나'를 행복하게 하는 자입니다. 하나님을 떠나 그의 지도를 받지 않고 자기 마음대로 했다 말았다 하면 패망을 자취할 뿐입니다. 이제 자기같이 이웃을 참 사랑하면 모든 사람이 다 회개하여 구원을 얻게 함이 급선무요, 인간과 사교생활에 있어 누구에게든지 자아 중심의 입장에서 이웃을 보고 해석하지 말고, 이웃의 입장에서 이웃 사람의 마음을 가지고 이해 깊은 생활을 하란 말입니다.

슬퍼하는 자와 같이 슬퍼하고 기뻐하는 자와 같이 기뻐하는 동정에 깊은 자가 되십시오. 내 눈물방울이 나사로의 무덤에서 주님이 흘리신 동정의 눈물과 같고, 다른 사람의 성공을 사소한 질투심으로 시기하지 않고 함께 기뻐하는 순수한 기쁨을 가진 자가 참사랑의 성공자가 아닙니까?

아, 하나님이여. 나를 잊어버린 사랑으로 당신을 봉사함이 제일이요, 나와 같이 내 이웃을 사랑함은 모든 제사보다 나은 것입니다. 이상의 두 계명, 하나님을 사랑하고 공경함과 이웃을 내 몸과 같이 사랑함이 실로 위대합니다. 너무 지중至重하여 우리가 감당하기 어려우나 염려 마십시오. 이 최고의 문제를 이상에 그치지 않고, 호언장담에 멈추지 않고, 몸소 행동에 옮기신 주님의 생생한 십자가는 가장 귀한 실물 교훈이 아닙니까? 이 십자가는 위로 하나님을 경애하는 최고봉이요, 인간을 사랑하는 최선의 방도입니다. "아무든지 나를 따라오려거든 자기를 부인하고 자기 십자가를 지고 나를 좇을 것이니라"(마태복음 16:24).

"무릇 예수께서 그리스도이심을 믿는 자마다 하나님께로

서 난 자니 또한 내신 이를 사랑하는 자마다 그에게서 난 자를 사랑하느니라. 우리가 하나님을 사랑하고 그의 계명들을 지킬 때에 이로써 우리가 하나님의 자녀 사랑하는 줄을 아느니라. 하나님을 사랑하는 것은 이것이니 우리가 그의 계명들을 지키는 것이라. 그의 계명들은 무거운 것이 아니로다"(요한일서 5:1-3). 하늘에서 내리는 비와 이슬을 마시고 지하의 생수가 쉬지 않고 솟아 나옵니다. 예수를 받아 마신 내 뱃속에서 사랑의 생수가 쉬지 않고 솟아 나올 뿐 아니라, 한걸음 나아가 강같이 흐르는 자유스러운 봉사, 힘차고 능력 있는 위대한 역사를 하니 이를 천상천하에 더할 나위 없이 훌륭하고 아름다운 유프라데[1]의 생활이라 하노라. 할렐루야.

활천. 제189호. 1938. 8.

---

[1] 중동 지역의 유프라테스(Euphrates)강을 의미하며 이곳에 '에덴동산'이 있었다고 전해진다.

하나님의 사랑하는 아들

하늘로부터 소리가 있어 말씀하시되 이는 내 사랑하는 아들이요
내 기뻐하는 자라 하시니라 (마태복음 3:17)

주님이 요단강에서 요한에게 세례받고 물에서 올라오실 때 비둘기 같은 성신이 주님 머리 위에 임하시고 하늘 성부의 음성이 "이는 내 사랑하는 아들"이라 증거하셨습니다. 누구나 하나님께 지음 받은 인간은 다 하나님의 자녀이지만, 인간이 타락한 결과 "하나님은 나의 아버지요 나는 하나님의 자녀"라는 의식을 잃어버리고 마귀의 자식이 되었습니다. 그러나 주님의 생명을 받아 회개하면 새로운 생명을 얻은 증거로 다시 하나님을 나의 아버지라 부르고, 나는 하나님의 자녀란 의식이 회복됩니다. 그래서 하늘에 계신 우리 아버지를 믿고 의지하고 그를 영화롭게 하는 것을 제일 되는 목적으로 하여 생활하게 됩니다.

언제 이 음성을 듣게 됩니까? 비둘기 같은 성신이 임할 때입니다. 성신이 내려서 누구 위에 임하는 것을 보면 그는 곧 하나님의 아들입니다(요한복음 1:33). "무릇 하나님의 영으로 인도함을 받는 그들은 곧 하나님의 아들이라"(로마서 8:14)고 하셨습니다. 그렇습니다. 성신의 사실이 있어야 합니다. 성신으로 나고 성신의 충만한 경험을 얻어야 합니다. 비둘기 성신이 임해야 합니다.

비둘기는 신령한 것을 좋아하고 온유한 성품을 가리킵니다. 노아 홍수 때 물이 깊은가 얕은가 알아보려고 까마귀를 내보냈더니 돌아오지 않았습니다(창세기 8:6-12). 왜일까요? 까마귀가 좋아하는 썩은 것, 더러운 것이 많았기 때문입니다. 개 썩어진 것, 돼지 썩어진 것, 김서방 썩어진 것, 늙은이, 젊은이, 처녀, 총각, 다 죽어 썩은 송장이 물 위에 너저분히 떠올랐을 겁니다. 까마귀는 그것 뜯어 먹느라고 까욱까욱 돌아헤매며 좋아했을 겁니다. 그래도 비둘기는 내보내면 돌아다니다가 다시 방주로 왔습니다. 정결한 비둘기는 썩은 송장과 홍수뿐이니 발붙일 곳이 없었던 것입니다.

오늘날 교회 신자 중에 두 가지 종류가 있으니 까마귀 영을 받은 중생 못한 신자는 세상 썩을 데 뜻을 붙이고 정을 붙이고 몇 날이나 살겠다고 허영에 잠겨 주를 잊어버리고 다닙니다. 비둘기 성신 받은 신자는 아무래도 세상에는 뜻 붙일 곳 없어 방주 되시는 주님 한 분으로 만족하는 생활을 합니다. 까마귀입니까? 비둘기입니까? 비둘기같이 온유하고 겸손한 성품을 가진 자에게 "너는 나의 사랑하는 아들이라"고 말씀하십니다.

언제 주님께 비둘기 성신이 임했습니까? 세례 요한에게 세례받은 때입니다. 요한의 세례는 회개의 세례를 가르친 것입니다. 회개하여 죄 사함을 받으십시오. 그리하면 주신 성신을 받을 것입니다(사도행전 2:38). 그러면 주님은 무슨 죄가 있어 요한의 세례를 받으셨습니까? 여러 가지 이유가 있겠지만 세 가지로 살펴보겠습니다.

겸손의 세례

예수는 하나님의 아들이었지만 자기만 못한 요한에게 세례를 받으시겠다고 고개를 숙이고 가신 태도는 참으로 하나님이 기뻐하시는 바입니다. "하나님이 교만한 자를 물리치시고 겸손한 자에게 은혜를 주신다 하였느니라"(야고보서 4:6).

사람들은 기도를 받아도 나보다 나은 사람에게 받기를 원합니다. 집사의 기도보다 장로의 기도가 낫고, 장로의 기도보다 목사, 또 돌아다니는 부흥강사가 더 좋아 보이는 것입니다. 그러나 바울은 로마의 여러 신자에게 기도해 달라고 했습니다(로마서 15:30). 위대한 사도 바울은 예수를 그대로 본받은 것입니다.

동정적 세례

우는 자로 같이 울고 기뻐하는 자로 같이 기뻐하는 동정의 태도입니다. 얼마나 귀한 일입니까? 오늘날 세상은 자기중심으로 살아 다른 사람의 일은 강 건너 물과 같이 전혀 상관하지 않고 남이 잘되는 것을 보면 시기하고 사촌이 논을 사면 배 아파합니다.

제가 어느 지방에서 집회를 열었는데 모든 교회 신자들이 합심하여 한자리에서 은혜 받아 기뻐하는데 다른 교회에 시무하는 어떤 목사와 장로는 바로 그 교회 옆에 살면서 한 번도 참석하지 않는 것을 볼 때 매우 섭섭했습니다. 그는 제게 자기 교회에서 집회해 달라고 따라다니던 분이었습니다. 물론 자기들이야 많은 은혜 받아서 별로 들을 설교도 없고 유치해 뵈니까 안 오겠지만, 예수의 정신은 그것이 아닙니다.

타 교회 집회에 나가 보려는 신도여! 좋은 강사 왔다고, 좋은 설교 듣고 마음껏 배부르게 밥이나 얻어먹어야 하겠다는 욕심으로 참석합니까? 그것도 좋지만 한걸음 더 나아가 그

교회 성회를 도와주는 마음으로, 우는 자로 같이 울고 기뻐하는 자로 같이 기뻐하는 정신으로 참석하십시오. 이것이 주님의 동정적 세례인 것입니다. 동정은 사람과 사람을 얽어매는 황금의 사슬입니다!

책임적 세례

죄가 없으신 예수님은 세례받을 필요가 없으시지만, 주님이 본래 세상에 오신 것은 섬김을 받으러 오신 것이 아니요, 뭇 사람을 위해 목숨을 버려 속죄하려 하심입니다. 주님은 모든 사람의 죄를 다 책임지시고 겟세마네 동산에서 피땀 흘려 기도하시고, 빌라도와 가야바 뜰에서 변명 한마디 안 하시고, 마침내 갈보리 산상에서 여러분의 죄와 제 죄를 위해 십자가에서 죽으시기 전에 벌써 세례 요한에게 순백純白의 주님이 순흑純黑의 주님으로 세례를 받으신 것입니다.

 세상 죄를 지고 가시는 하나님의 어린양을 보십시오. 위인일수록 책임을 크게 지고 강하게 느끼지만 소인일수록 책임을 회피하는 것입니다. 첫 아담은 자신의 죄도 남에게 전가했지만, 둘째 아담 되시는 예수는 남의 죄를 자신의 죄로 지시고 탄생 이후 최후까지 십자가를 지시고 녹아지고 사라지신 위대한 성자이십니다. 하나님께서 "가인아, 네 아우 아벨이 어디 있느냐?" 하고 물으실 때, "내가 아우나 지키는 자입니까?" 하고 자기 동생 죽인 살인죄를 물으시는 하나님께 책임을 회피한 가인의 가증스런 성질(창세기 4:9)은 오늘 아담의 혈통에서 중생하지 못한 자의 속에 그대로 잠복해 있습니다.

먼저 자기 죄에 대한 책임감을 통절히 느껴 회개하여 죄 사함을 받으십시오. 주신 성신을 받을 것이며, 한걸음 더 나아가 내 가족의 책임, 내 교회의 책임, 내 민족의 책임을 걸머지고 남모르는 눈물을 흘리며 기도하는 자는 복이 있을 것입니다. "네가 만일 이때에 잠잠하면 너와 네 아비 집은 반드시 멸망하리라." 모르드개가 왕후 에스더에게 경고한 말씀입니다(에스더 4:14). 유대 민족이 하만의 손에 멸망 받을 위기일발에 에스더는 책임지고 삼 일간 금식기도하고 모험으로 아하수에로 왕에게 나아가서 자기 동족을 구원한 것입니다.

책임적 세례, 동정적 세례, 겸손의 세례를 받으십시오. 이 정신을 받아 세례받는 자에게 하나님은 너는 내 사랑하는 아들이라고 말씀하십니다.

활천. 제263호. 1955. 2.

성결의 복음

> 모든 사람과 더불어 화평함과 거룩함을 따르라
> 이것이 없이는 아무도 주를 보지 못하리라 (히브리서 12:14)

성결은 성결교회의 전매특허가 아닙니다. 그리스도인이라면 누구나 이 복음을 그대로 받아 체득하지 않으면 안 될 것입니다. 이것이 없으면 주를 보지 못하기 때문입니다(히브리서 12:14). 그리고 "그리스도의 영이 없으면 그리스도의 사람이 아니라"(로마서 8:9)고 했습니다. 그리스도의 영은 거룩한 영입니다. 스스로 속이지 마십시오. 하나님은 만홀히 여김을 받지 않으십니다.

1. 성결은 하나님의 지상 명령

"내가 거룩하니 너희도 거룩할지어다"(베드로전서 1:16).

이 하나님의 말씀은 결정적입니다. 이 말씀을 들어야 살고 듣지 않으면 죽습니다. 이 말씀을 들어야 복 받고 듣지 않으면 화를 받습니다. 이 말씀은 시금석입니다. 하나님께서는 우리가 반석 위의 집인지 모래 위의 집인지, 쭉정이인지 알곡인지, 선한 목자인지 삯꾼 목자인지 이 성결의 복음으로 심판하십니다.

2. 성결은 하나님 아버지의 뜻

거룩하여 음란을 버리는 것이 하나님 아버지의 뜻이라 했습니다(데살로니가전서 4:3). 또한 "나더러 주여 주여 하는 자마다 천국에 다 들어갈 것 아니요, 다만 하늘에 계신 아버지의 뜻대로 행하는 자라야 들어가리라"(마태복음 7:21) 하셨으며, "누구든지 하늘에 계신 내 아버지의 뜻대로 하는 자가 내 형제요, 자매요, 모친이니라"(마태복음 12:50)고 하셨습니다. 성결자라야 주님의 권속이란 말씀입니다.

3. 성결은 천국 백성의 자격

여호와의 산에 올라갈 자가 누구며 그 거룩한 곳에 설 자가 누구입니까? 그들은 손이 깨끗하고 마음이 깨끗하고 허탄한 데 뜻을 두지 않고 거짓 맹세하지 않는 자입니다. '손이 깨끗하다' 함은 자범죄自犯罪 즉 불의한 습관을 회개하여 죄 사함을 받고 끊어 버리고 벗어 버리고 돌아서는 것이요, '마음이 깨끗하다'는 것은 원죄 곧 죄악의 성질에서 구원받는 것입니다.

허탄한 데 뜻을 두지 않고 의지와 사상이 고결하며 거짓 맹세하지 않는 입술아, 깨끗하여라. 이사야의 입술을 태우시는 스랍의 숯불로 우리 입술을 불태우고, 눈으로 범죄하기를 쉬지 않는 눈동자여, 깨끗하여라. "내가 내 눈과 언약을 세웠나니 어찌 처녀에게 주목하랴"(욥기 31:1) 하셨습니다. 욥이 얼마나 눈동자를 성결케 하였는가 보십시오.

4. 성결은 그리스도 신부의 단장

"주를 향하여 이 소망을 가진 자마다 그의 깨끗하심과 같이 자기를 깨끗하게 하느니라"(요한일서 3:3).

새 신부가 새신랑 방에 들어가려면 목욕도 하고 화장도 하고 새 옷 입고 들어가야지, 더러운 몸 그대로 들어가면 첫날밤에 소박맞을 것입니다. 에스더는 아하수에로 왕후가 되기 위해 12개월이라는 기간 동안 단장했습니다. 그렇다면 만왕의 왕 되시는 우리 신랑 맞을 신부는 얼마나 깨끗해야 하겠습니까?

5. 성결한 사람은 하나님이 귀히 쓰실 그릇

사람이 만일 자기를 깨끗이 하면 하나님이 귀히 쓰는 그릇이 된다고 했습니다(디모데후서 2:20). 금 그릇, 은 그릇이라도 더러우면 주인이 귀하게 쓰지 않지만 5전짜리 뚝배기라도 깨끗하기만 하면 귀하게 사용합니다.

무디는 학교라고는 소학교도 마치지 못하고 구두 직공 노릇 하던 사람입니다. 그러나 성신 받아 성결할 때 얼마나 귀하게 쓰였습니까? 신구약의 모든 성도와 예로부터 지금까지 죽기까지 충성하는 능력 있는 종들은 깨끗한 그릇임을 확실히 알 수 있습니다. 이 중대하고 귀한 성결은 무엇으로 됩니까?

1) 하나님 아버지의 말씀

"저희를 진리로 거룩하게 하옵소서. 아버지의 말씀은 진리니이다"(요한복음 17:17). "너희는 내가 일러 준 말로 이미 깨끗하였으니"(요한복음 15:3)라고 주님이 증명하셨으며, 바울은 물로 씻어 말씀으로 깨끗하게 하사 거룩하게 하신다(에베소서 5:26)고 증명하지 않았습니까?

천지는 폐할지언정 하나님의 말씀은 변하지 않는 신실한 말씀, 전능의 말씀, 생명의 말씀입니다. 이 말씀으로 천지가 창조되었고, 인생이 나고 살아갑니다. 따라서 우리는 마귀를 멸하시는 권세의 말씀을 그대로 받고 의지하고 믿고 순종해야 합니다.

2) 성신으로 거룩하게 하심

택하심을 받은 우리를 하나님 아버지께서 미리 알고 성신으로 거룩하게 하사 순종하게 하십니다(베드로전서 1:2). 힘으로도 못하고 눈으로도 못하나 내주하시는 성신으로 하시리라고 말씀하셨습니다. 성신으로 중생케 하시고, 성신으로 영생케 하시며, 성신으로 지혜를 주시고, 성신으로 차별 없이 구하는 자에게 성결을 주시고, 믿는 자에게 충만케 하시니 행여나 귀한 은혜 무시 말고 그 권능 제한하지 마시길 바랍니다.

3) 그리스도의 죽으심

그리스도께서 우리를 위해 자기를 버리신 것은 모든 불법함에서 우리를 구속하시고 또 우리를 깨끗게 하사 열심으로 선한 것을 행하는 친 백성이 되게 하려 하심입니다(디도서 2:14). 그의 십자가 보혈은 우리를 정결케 하십니다. "염소와 황소의 피와 및 암송아지의 재를 부정한 자에게 뿌려 그 육체를 정결하게 하여 거룩하게 하거든 하물며 영원하신 성령으로 말미암아 흠 없는 자기를 하나님께 드린 그리스도의 피가 어찌 너희 양심을 죽은 행실에서 깨끗하게 하고 살아 계신 하나님을 섬기게 하지 못하겠느냐"(히브리서 9:13-14). "그 피가 마음속에 큰 증거가 됩니다. 내 기도 소리를 들으사 다 허락하소서."

4) 징계의 채찍

말씀을 주시고 성신을 주시고 피를 주셔도 깨끗해지지 못하면 마지막 한 가지 방법이 있나니 그것은 징계의 채찍입니다. "저희는 잠시 자기의 뜻대로 우리를 징계하였거니와 오직 하나님은 우리의 유익을 위하여 그의 거룩하심에 참여케" 하시려고 우리를 징계하십니다(히브리서 12:10). "많은 사람이 연단을 받아 스스로 정결케 하며 희게 할 것이나 악한 사람은 악을 행하리니 악한 자는 아무도 깨닫지 못하되 오직 지혜 있는 자는 깨달으리라"(다니엘 12:10). "자주 책망을 받으면서도 목이 곧은 사람은 갑자기 패망을 당하고 피하지 못하리라"(잠언 29:1).

하나님은 이 강산을 다 불태우고 이 강산을 온통 피바다로 만들고라도 당신이 택한 민족, 택한 종들, 택한 신도들 한 사람이라도 깨달아 성결해지면 그것으로 위로를 받으십니다. 왜 그럴까요? 한 사람의 영혼이 온 천하보다 귀한 까닭입니다. 하나님은 물질세계를 한마디 말씀으로도 순식간에 재창조하실 수 있습니다. 그런 하나님께서 하나님의 형상으로 지은 귀한 인간이 한 사람도 멸망치 않고 다 회개하여 성결의 자녀 되기를 안타깝게 기다리신다는 사실을 아십니까? 지금이 시간에 그 권능과 그 사랑에 우리의 몸과 혼신을 온전히 산 제물로 다 바쳐 믿음으로 이 귀한 은혜를 체득하시길 바랍니다.

"내가 너를 씻기지 아니하면 네가 나와 상관이 없느니라"(요한복음 13:8).

임마누엘 강단. 1955.

은혜 받는 비결

> 나는 너를 애굽 땅에서 인도하여 낸 여호와 네 하나님이니
> 네 입을 크게 열라 내가 채우리라(시편 81:10)
> 이르시되 내가 은혜 베풀 때에 너에게 듣고 구원의 날에 너를 도왔다 하셨으니
> 보라 지금은 은혜 받을 만한 때요 보라 지금은 구원의 날이로다(고린도후서 6:2)

엘로힘은 만물의 창조주라는 뜻이요, 여호와는 창조하신 만물에 대해 계약 관계를 가지신 자라는 뜻입니다. "나는 여호와"라는 말은 약속을 신실히 성취해 주시겠다는 말씀이요, "네 입을 넓게 열라. 내가 채우리라" 하신 말씀은 우리에게 약속을 성취하시려고 풍성한 은혜가 여호와 편에 완비되어 있다는 것입니다.

과연 우리를 위해 갖추어 두신 하나님의 은혜는 참으로 풍성한데 기갈 상태에서 허덕이는 교회와 신자들을 보면 얼마나 답답한지 말할 수 없습니다. 하나님의 은혜는 생수와 같아

서 태평양보다도 더 넓고 깊으며, 하나님의 은혜는 곳간과 같아서 요셉의 창고보다도 더 풍성합니다.

그런데 태평양 물속에 있는 물고기가 목이 말라 죽고 요셉의 창고 안에 있는 생쥐가 굶어 죽었다고 하면 그 얼마나 안타까운 노릇입니까? 그저 입만 벌리면 물이 들어오고 입만 놀리면 기름진 곡식으로 창자를 꽉 채울 터인데, 입을 꼭 다물고 굶어 죽은 생명은 물고기나 쥐를 가리킨 말이 아닙니다. 오늘날 영적 생명이 고갈되어 있는 교회와 신자의 상태를 말한 것입니다. 하나님은 우리 한국 교회에 가로막혔던 구리 빗장을 부서뜨리고 은혜의 큰 문을 넓게 열어 놓으셨는데 왜 이다지도 말라 죽어 가는지 모르겠습니다.

예수를 믿으면 유치장에 잡아가는 시절에도 밤을 새워 성경을 읽고 은혜를 받았다 하는데, 우리 한국은 지금 얼마든지 누구든지 어디서든지 성경을 읽을 수 있지 않습니까! 그런데도 오늘날 성경을 꾸준히 즐겨 읽는 사람을 별로 볼 수 없습니다. 전도와 기도를 방해하던 일본 정치를 치워 주셨건만 왜 전도하고 기도하는 일에 이렇게 게으른지 모르겠습니다.

한국 교회여! 지금은 은혜 받을 만한 때입니다. 구원하실 날입니다. 깨어서 일하고 은혜를 주실 때 믿음의 입을 크게 벌려 은혜를 받아들이지 않으면 또다시 우리 앞에 열린 문이

닫힐까 두렵습니다.

기회를 잃지 맙시다

세상만사에 다 기회가 있다고 하여 성공과 행복을 언제든지 얻을 수 있는 것은 아닙니다. 주께서 나에게 기회를 열어 주는 때가 있습니다. 성공자는 이 기회를 잘 잡은 자요, 실패자는 이 기회를 무심히 보다가 놓쳐 버린 자입니다. 한 번 기회를 잃고 영영 흑암과 고통의 길을 걷는 자도 있고, 기회의 문이 열릴 때 지체 없이 들어가서 일생을 승리와 광명한 생애로 성공하는 자도 있습니다.

서양의 어느 박물관에 머리는 말 대가리요 꼬리는 새 꼬리로 만든 모형 동물이 있는데 그 이름을 '기회'라고 지었다 합니다. 과연 기회라고 하는 것은 앞으로 올 때는 말 대가리와 같아서 그놈의 늘어진 갈기를 움켜잡고 올라탈 수 있지만, 한 번 뒤로 지나간 후에는 잡으려고 해도 새 꽁지같이 미끄럽고 날쌔서 도무지 잡을 사이 없이 놓치고 마는 것입니다. 이처럼 하나님이 은혜와 복을 주실 때 한번 기회를 잃은 뒤에는 후회하고 탄식해도 아무 소용이 없습니다.

성경에 보면 부자가 음부에 들어가서 후회와 탄식을 했으나 기회가 이미 지났으니 이것이 쓸데없는 후회였습니다. 천당에는 "아멘"과 "할렐루야" 소리로 충만한 대신에 지옥에는 "걸걸" 소리가 귀가 아플 만큼 가득 차 있을 것입니다. 이 '걸'은 무엇입니까? "이럴 줄 알았으면 죄짓지 말걸" "아무개에게 그렇게까지 억울하게 하지 말걸" "너무 인색하게 하지 말걸" "아무개가 그렇게까지 권면할 때 교회에 나갈걸" "아무개하고 사과하고 지낼걸" "구제 좀 할걸" 하는 소리뿐일 것입니다. 다시 말하면 지옥은 기회를 잃은 사람들이 영원히 후회하는 곳입니다.

이 기회는 나를 위하여 있는 것

우리 신자들에게 제일 위험한 것은 은혜를 주실 기회에 자기를 빼놓는 일입니다. "이번 집회 때는 아무 집사님이 은혜를 받아야 할 텐데!" "어느 누님이 이번에는 열심을 좀 얻어야 할 텐데!" "아무개 장로님이 좀 회개해야 할 텐데!" 하며 자기가 부족한 것은 모르고 밤낮 남의 걱정만 하면 은혜 받을 기회를 잃어버립니다.

이것도 물론 교회를 위한 걱정이니까 교회를 위해서는 유익이 있을지 모르지만, 교회를 위해 염려하는 것이 절대로 자기 영혼의 구원받을 조건은 되지 못합니다. 자기가 겸손하게 죄를 깨닫고 회개하고 은혜를 받아야 되는 것이지 교회 부흥에 대한 염려와 노력이 자기 은혜를 대신하지는 못하는 것입니다.

오늘날 교회 생활에 너무 닳을 대로 닳아지고 찌들을 대로 찌들어서 30년 혹 40년을 교회생활 했다는 것만 내세우고 스스로 위안을 받으며 자기 죄를 반성치 않는 늙은 마귀들아, 이 기회가 자기를 위한 기회요, 부흥강사의 말이 자기를 위한 말인 것을 깨닫고 겸손히 꿇어 엎드려 자기를 반성하십시오!

지금이다

"지금은 은혜 받을 만한 때요 보라 지금은 구원의 날이로다"(고린도후서 6:2). 여기서 '지금'은 자기가 살았다는 의식을 가지게 된 순간적 시각을 가리킨 것입니다. 그러므로 지금이 자기 것이지 조금 후에나 내일이 자기 것은 아닙니다.

생명이라고 하는 것은 현재요, 과거도 아니고 장래도 아닙니다. 지금이라고 하는 이 순간을 무시하는 자, 즉 내일로 미루는 자는 장래 생명은 어떤지 모르나 현재 생명에서는 죽은 자입니다. 그런즉 자기가 살아서 호흡하고 있는 그 순간순간의 생애를 살아야 하는 것같이 지금이라고 하는 그 생명을 은혜와 믿음 중에서 살아야 합니다.

바울은 "세월을 아끼라 때가 악하니라"(에베소서 5:16), 또는

"오직 오늘이라 일컫는 동안에 매일 피차 권면하여 너희 중에 누구든지 죄의 유혹으로 강퍅케 됨을 면하라"(히브리서 3:13) 하였고, 야고보는 "오늘이나 내일이나 우리가 어떤 도시에 가서 거기서 일 년을 머물며 장사하여 이익을 보리라 하는 자들아 …… 너희 생명이 무엇이냐? 너희는 잠깐 보이다가 없어지는 안개니라"(야고보서 4:13-14) "이제 너희가 허탄한 자랑을 하니 그러한 자랑은 다 악한 것이라"(야고보서 4:16) 하였으니 이런 말씀은 우리에게 '지금'의 의식을 철저히 가지라는 것입니다.

그런데 오늘날 교회 안에는 과거에 은혜 받은 것 또는 자기 성공한 것만 자랑하는, '노루 때린 막대기 세 번이나 국 끓이는'[1] 격으로 지나간 일만 자랑하며 딱 버티고 진취하지 않는 신자가 있는가 하면, 과거에 실패한 것만 생각하고 그저 주저앉아 번민하며 고통하고 자포자기하여 힘을 내지 않는 자도 있어 큰 걱정입니다.

사람이 길을 가다가 넘어지면 벌떡 일어나 툭툭 털고 다시 가면 그만인데, 넘어진 자리를 돌아다보고 울고 탄식만 하고 있으면 우스운 일이 아니겠습니까? 그러므로 지나간 성공

---

[1] 조금이라도 이용 가치가 있을까 하여 보잘것없는 것을 두고두고 되풀이하여 이용함을 비유적으로 이르는 속담.

만 내세우고 있는 자도, 실패만 생각하고 일어서지 않는 자도 '지금은 은혜 받을 만한 때'라는 말씀을 기억하고 은혜를 구해야 할 것입니다. 잠시 후에 송장이 되지 않는다고 누가 단언하겠습니까? 지금입니다. 천국은 지금 생명을 가지고 있는, 현재 생명이 가는 곳입니다.

내일은 마귀의 날이다

여기 우스운 이야기가 있습니다. 하루는 마귀들이 총회를 열어서 어떻게 하면 사람들의 영혼을 지옥으로 집어넣을까 하는 문제를 가지고 토의했습니다. 한 마귀가 제안하기를 "우리가 무신론자의 영이 되어서 세상에 무신론자가 많이 일어나게 하여 각지에서 무신론을 선전하면 될 것"이라고 했습니다. 그러자 다른 마귀가 일어나서 "틀린 말이다. 사람들이 무신론을 주장하다가도 무슨 환난을 만나서 급하게 되면 바다 가운데서도 회개하고 병상에서도 회개하고 실패해도 회개하고 그렇지 않으면 임종에도 마지막으로 회개하고 하나님을 부르고야 마니 그것도 소용없는 말이다" 하며 반박했습니다. 또 다른 마귀가 일어나서 그보다는 훨씬 좋은 계책이 있다고 말을 꺼냈는데 그것은 다름이 아니라 "세상 사람들에게 하나님은 너무 엄하고 무서운 신이라 하면 인간으로는 감히 가까이할 수 없을 것이 아니냐"고 제안을 하니, 또 다른 마귀가 그렇지 않다고 반대하기를 "그러니까 예수가 십자가에서 죽었다. 그래서 예수의 보혈 공로를 힘입으면 담대히 지성소에, 즉 하나님 보좌에까지 나간다는 성경의 약속이 있기 때문에 믿는 사람은 하나님께 나아가는 것을 주저하지 않는다" 했습니다.

마귀들은 "그러고 보니 그것도 소용없는 말"이라고 말을 막고 난즉, 잠시간 아무 대책이 없다는 듯이 잠잠했습니다. 그때 저편 구석에서 늙은 마귀 하나가 회장을 부르고 일어서서 말하기를 "사람을 지옥으로 집어넣는 유일한 묘책이 있는데 무엇이 그리 어려우냐? 이는 다름이 아니라 '내일' '이다음' '차차'라는 말이 있지 않은가? 인간은 이 말을 제일 좋아하고 또 안심하는 말이다" 하니 만장일치로 가결이 되었다 합니다.

내일, 이다음, 차차라는 말은 마귀 총회에서 가결된 명안입니다. "예수 믿으세요" 하면 많은 사람이 "예, 차차 믿지요" "다음에 가지요" 하는데 그들은 내일, 이다음, 차차 하다가 마지막에 '아차!' 하고 지옥에 떨어지고 말 것입니다.

마귀는 내일이라는 명안으로 우리를 지옥에 떨어뜨리려고 하지만 우리에게는 다른 대책으로 예수를 잘 믿고 신앙을 지속하는 비결이 있습니다. 그것은 무엇일까요? 그것은 "예수를 순간순간 믿어라" 하는 말입니다.

신자들 가운데는 신앙생활을 설계할 때에 40년이나 50년이라는 장구한 세월, 즉 늙어 죽을 때까지의 일을 예산하기 때문에 '지금 잘 못 믿는 것쯤이야 어쩌랴' 하고 안심하고 죄를 짓는 경우가 있습니다. 심지어 혹자는 난봉을 좀 피우다가 늙어서 잘 믿겠다고 하고 타락하는 자도 있습니다. 그런즉 장구한 생활을 한꺼번에 생각하지 말고, 순간순간 그날 그 시간을 잘 믿어 나가자는 말입니다.

어제의 성도가 오늘에 소용없고 어제의 장로가 상관없게 되는 경우가 있습니다. 하지만 그날 그 시간에 신앙생활 하면 그 생명이 천당에 갑니다. 예수님이 강도보고 "오늘 네가 나와 함께 낙원에 가리라" 하신 말씀을 보아도 어제의 장로가 아니고, 오늘의 성도가 되어야 천당에 갈 것이 아닌가요?

결론

우리 한국 교회의 사랑하는 여러분이여! 은혜를 주시는 이때에 입을 넓게 열어 이 은혜를 받아들이십시오. 입을 열란 말은 무슨 뜻입니까?

첫째로 입을 열어 기도하란 뜻입니다. "너는 내게 부르짖으라. 내가 네게 응답하겠다"(예레미야 33:3) 하셨고 "하나님이 하늘에서 인생을 굽어살피사 지각이 있는 자와 하나님을 찾는 자가 있는가 보려 한다"(시편 53:2) 하셨습니다. 옛날의 위대한 지도자들은 다 기도의 사람이었습니다. 모세도 다윗도 엘리야도 누구에게도 비하지 못할 만한 어려운 일을 겪은 사람들입니다. 그러나 그들은 기도로써 난관을 타개했습니다.

우리 신자들이 이 백성들을 위해 기도하고 이 백성들에게 기도를 가르쳐 주어서 4천만의 입이 한꺼번에 하나님을 향해 기도하면 이 강산에 복이 내릴 줄 믿어 의심치 않습니다.

둘째로 입을 열어 죄를 고하란 뜻입니다. 우리 민족의 죄를 하나님이 불쌍히 보시고 살리실 날이 어느 때일까요? 우리 민족이 당하는 고통을 벗기시고 명랑한 세상을 보게 하실 날이 어느 날이겠습니까? 저는 우리 죄를 깨닫고 하나님께 니느웨 백성과 같이 회개하는 날이라고 믿습니다. 목사는 목사의 죄, 사업가는 사업가의 죄, 정치가는 정치가의 죄, 교육가는 교육가의 죄를 깨닫고 회개해야 이 민족의 살길이 하나님께로부터 올 줄 믿습니다.

왜 그럴까요? 그것은 죄를 자복하는 자가 마음이 겸손해지기 때문입니다. 하나님은 교만한 자를 물리치고 겸손한 자에게 은혜를 주십니다. 서로 자기가 잘났다고 어디까지든지 싸움으로 일삼는 이 민족에게 가장 먼저 필요한 것은 겸손한 마음입니다.

죄를 자복하면 정직한 마음이 생깁니다. 서로 속이고 서로 뇌물을 건네는 이 백성, 윗사람 아랫사람 할 것 없이 부정한 탁류에 떠내려가는 우리 민족은 먼저 정직한 마음을 가져야 복이 임할 것입니다. 죄를 자복할 때 참 평화가 옵니다. 마치 요나를 토한 고기 뱃속처럼 시원해질 것입니다.

셋째로 입을 열어 증거하란 뜻입니다. "사람이 마음으로 믿어 의에 이르고 입으로 시인하여 구원에 이르느니라"(로마서 10:10)고 하셨습니다. 못을 박았을 때 삐져나온 못 끝을 확인해 구부려야 안전한 것같이 우리의 믿음을 증거해야 구원이 완전해지는 것입니다. 그리고 주의 구원을 얻으면 증거를 하게 됩니다. 안드레의 증거로 베드로가 믿었고 빌립의 증거로 나다나엘이 믿었습니다. 사마리아 여인이 구원을 받고 성중에 들어가서 열광적으로 전도할 때 많은 사람이 주 앞에 나왔습니다.

어제의 음부, 탕녀가 오늘날의 권사, 전도부인이 되었습니다. 무식하니, 경험 없으니, 성경을 모르니 하고 교회 일을 회피하는 자들은 이 사마리아 여인을 본받으십시오. 그리고 주 앞에 늘 새 은혜가 있는데, 증거하는 자가 이 새 은혜를 받게 되는 것을 명심하십시오.

마지막으로 입을 여는 것은 사모하므로 갈망하게 되는 것입니다.

"내가 주의 계명을 간절히 사모하므로 입을 열고 헐떡였나이다"(시편 119:131). 사모하는 자에게 주시고 주린 자에게 만족케 하시는 하나님을 앙망하고 입을 넓게 여십시오. 목마른 자가 물을 사모함 같이, 배고픈 자가 식물을 요구함같이 갈급한 심령에 가득히 채워주실 것입니다. 할렐루야!

주의 계명 사모하여 입을 열고 바라는
간절하온 그 심령에 큰 은혜를 주시리
너는 네 입 넓게 열라, 내가 채워 주리라
진실하신 여호와의 참된 약속이로다

임마누엘 강단. 1955.

내 눈을 밝게 하소서

여호와 내 하나님이여 나를 생각하사 응답하시고 나의 눈을 밝히소서
두렵건대 내가 사망의 잠을 잘까 하오며(시편 13:3)

사람의 지체 중에 눈이라 하는 것은 제일 중요한 것입니다. 사람의 뇌에 기억되는 지식 가운데 3분의 2가 눈으로 들어온 것이라 합니다. 귀로 듣는 것은 인상이 퍽 미약하지만 눈으로 보는 것은 인상이 강하고 그 인상된 것이 우리 일생에 잊을 수 없는 일이 되기도 합니다. 사람이 죄를 범하게 되는 일도, 하나님의 은혜를 받는 일도 대개 눈이란 지체를 통해 된 것을 알 수 있습니다. 하와는 눈을 통해 선악과를 따먹게 되었고 다윗도 눈을 통해 죄를 범하게 되었습니다.

다윗은 이 쓰라린 경험을 한 후에 "나를 눈동자같이 지키시고"(시편 17:8) "나의 눈을 밝히소서. 두렵건대 내가 사망의 잠을 잘까 하오며"(시편 13:3) 하는 등의 기도를 드렸습니다.

그러므로 우리는 눈에 대한 교훈을 반드시 배워 볼 필요가 있습니다. 눈에는 세 가지 종류가 있습니다. 육적인 눈, 지적인 눈, 영적인 눈이 그것입니다.

육적인 눈과 지적인 눈

육적인 눈으로는 물건의 형체, 크고 작음, 길고 짧음, 좋고 나쁜 것과 색을 분별합니다. 육적인 눈 속에는 지혜의 눈이 있는데 이는 동물에게는 없고 사람에게만 있는 것입니다. 현대 문명 시설이 다 지혜의 눈에서 나온 것입니다. 공중에 나는 새를 보고 비행기를 발명한 미국 라이트Wright 형제, 찻물이 끓어오르는 것을 보고 기차를 발명한 스티븐슨Stephenson, 나무에서 과실이 떨어지는 것을 보고 만유인력을 발견한 뉴턴Newton, 번개를 보고 무선 전신을 발명한 마르코니Marconi, 전기·전화를 발명한 에디슨Edison 등의 업적은 다 지적인 눈에서 나온 것입니다.

영적인 눈

사람에게는 영적인 눈이 있는데 이 영적인 눈으로 하나님을 발견합니다. 즉 우리 눈앞에 보이는 만물을 보아서 만물을 지으신 조물주 하나님을 알 수 있습니다. "창세로부터 그의 보이지 아니하는 것들 곧 그의 영원하신 능력과 신성이 그가 만드신 만물에 분명히 보여 알게 되나니 그러므로 그들이 핑계치 못할지니라"(로마서 1:20)라고 하신 말씀은, 사람이 하나님을 모른다고 하지 못함은 그 지으신 만물로 보아 절대로 핑계할 수 없다는 뜻입니다.

책을 읽는 사람이 그 책을 읽고서 저자의 사상을 알 수 있고 그림을 보는 사람이 그림을 보고 그림을 그린 사람의 심경을 알 수 있는 것처럼, 이 광대한 우주의 법칙이라든가 광대하고도 지극히 조밀한 삼라만상森羅萬象(우주에 있는 온갖 사물과 현상)이라든가 공정하고도 자비로운 자연원칙 등을 보면 그 복잡한 세상을 한 가지 진리로 통일하시는 하나님의 존재를 역력히 볼 수 있습니다. 그런즉 우주는 하나님을 스스로 보여 주고 있습니다. 예수께서 "공중에 나는 새를 보라"(마태복음 6:26) "들의 백합화가 어떻게 자라는가 생각해 보라"(마태복음 6:28) 하신 말씀은 이러한 생물계와 자연계를 보아서 조물주를 알 수 있지 않느냐 하신 뜻입니다. 그뿐입니까? 다윗의 시를 읽어 보십시오. "하늘이 하나님의 영광을 선포하고 궁창이 그 손으로 하신 일을 나타내는도다. 날은 날에게 말하고 밤은 밤에게 지식을 전하니 언어가 없고 들리는 소리도 없으나 그 소리가 온 땅에 통하고 그 말씀이 세계 끝까지 이르도다"(시편 19:1-4).

다윗은 하늘에서 하나님의 영광을 보았고 궁창에서 하나님의 손을 보았고 방언도 없고 말도 없으나 천하에 충만한 하나님의 소리를 들었습니다.

자기를 발견함

이는 자기가 무엇보다도 존귀한 존재라는 것을 발견한다는 말입니다. 사람이 먹고 입고 번식하는 것만 생의 전부로 삼는다면 다른 동물에 비해 귀할 이유가 없습니다. 저는 20여 년 전에 수원 권업모범장勸業模範場[1]에 가서 개량 돼지를 보았습니다. 이는 미국에서 1,000여 환을 주고 사 온 씨돼지인데 대단히 잘 먹여 길러 놓았습니다. 따뜻한 양지에 혼자 누워 졸고 있는데 어떻게 비대하던지! 다른 칸을 다시 가 보았더니 암놈들 7, 8마리가 있는데 새끼를 배서 독같이 부른 배를 안고 있고 또다시 다른 칸을 보니 몇 달 전에 젖을 뗀 베갯통 같은 새끼 돼지들이 우르르 쏟아져 나오는데 '자손이 크게 번성하는구나' 생각했습니다.

그런데 좀 우스운 말로 혼자서 이렇게 생각했습니다. '처음에 본 그 돼지, 팔자도 좋다. 사람이 만일 식욕과 색욕만 위해

---

[1] 1906년 일제 통감부가 주도하여 창설되었으며 이후 일제 치하에서 총독부의 농업정책을 추진하는데 참모부적 역할을 수행했다. 1929년 폐지되고 '조선총독부 농사시험장'으로 변경되었다.

사는 동물이라면 저 돼지 팔자만 못하겠구나. 사람은 어떻게 하면 잘 먹을까, 잘 입을까, 좋은 첩을 끌어들일까 하고 걱정이나 하지만 돼지는 걱정하지 않아도 이상의 세 가지 만족을 채우고 있으니 그것이 사람보다 낫다.'

세상에서 복이 많다고 말하는 사람의 생활이 자기 배나 채워서 기름지고 첩을 많이 두어 만족을 채우는 것뿐이라면 이 돼지보다 낫다는 점을 어디서 발견할 것입니까? 사람이 비록 "존귀에 처하나 깨닫지 못하는 사람은 멸망하는 짐승과 같다"(시편 49:20)고 했습니다. 그러나 사람은 먹고 마시고 안일과 향락으로 생의 전부를 삼지 않습니다. 영혼을 소유한 만물의 영장인 사람이 존귀하다는 가치가 여기에 있는 것입니다. 영혼이 있으므로 믿음이 있고 사랑이 있고 소망이 있는 것이니 이것으로 인해 사람의 생활 중에 귀한 목적이 있다는 것을 발견하는 것입니다.

세상이 헛된 것을 깨달음

영안이 밝은 사람은 인생의 존귀를 발견하는 한편 또한 세상이 헛되다는 것을 알게 됩니다. 그렇다고 세상을 비관하는 염세주의도 아니요, 세상을 무시하는 허무주의도 아닙니다. 아브라함이 자기 땅에 있으면서 자신을 외국인이요 나그네라고 한 것은 더욱 아름다운 본향을 사모함이니 이 말은 천국에 목적을 두고 세상에 목적을 두지 않는 건전한 인생관을 말한 것입니다.

베드로가 말하기를 "모든 육체는 풀과 같고 그 모든 영광이 풀의 꽃과 같다"(베드로전서 1:24)고 하였으니 무슨 의미일까요? 우리가 꽃을 볼 때 두 가지 마음을 갖습니다. 첫 번째는 좋은 마음이요, 두 번째는 슬픈 마음입니다. 아침에 피는 꽃을 볼 때는 기쁘지만 저녁에 시들어지는 것을 생각하면 슬픈 감정을 갖게 되는 것입니다. 인생 역시 그렇기 때문입니다.

성공의 아침을 기뻐했더니 어느덧 실패의 저녁이 돌아오고, 청년 시절을 아직 기뻐하기도 전에 벌써 백발이 찾아옵니다. 인생의 번성함과 쇠락함도 꽃과 풀에 지나지 않습니다. 꽃이 먼저 좋은 마음을 주고 그다음은 슬픈 마음을 주는 것처럼, 인생이라는 것도 먼저는 기쁜 듯하다가 슬픈 것이 되고 마는 것입니다. 그러나 베드로의 인생관은 그것만이 아니니 "풀은 마르고 꽃은 떨어지되 하나님의 말씀은 세세토록 있도다"(베드로전서 1:24)라고 한 것으로 보아 그는 건전한 인생관을 가졌음을 알 수 있습니다. 옛날이나 오늘이나 세계 천만 사정이 꽃과 같이 변합니다. 춘삼월에 피는 저 꽃도 십 일의 단명을 한탄하고 있습니다.

산다 하면 늘 살까 사람 살기 백 년 가기 잠깐이라
뒷동산 한 무덤 이룰 적에 일생 수가 흔적이 없구나
가고 오는 이 세상은 무심하기 짝이 없네
부와 귀로 호화함이 인생의 낙이냐?
아! 인생의 낙이 그것이냐?
지혜로운 자야, 예수께 와서 영생을 얻으라

하갈의 눈을 밝게 하사 샘물을 보게 하심

아브라함의 가정에서 축출된 하갈이 자기 몸에서 난 이스마엘을 데리고 간 곳이 광야였습니다. 나올 때 가지고 온 물과 양식이 떨어진 지 오래되니 드디어 아들 이스마엘은 탈진해 사막 벌판에 넘어졌습니다. 시체를 뜯어먹으려는 주린 솔개가 공중에서 엿보고 있는 이 장면은 정말 비참했을 것입니다.

하갈의 마지막 모습은 우리의 인생을 생각하게 합니다. 인생은 모두가 촌음食色(매우 짧은 시간)에 걸린 생명을 생각하고 광야에서 울고 있는 것이 아닌가 합니다. 이때 하갈의 눈이 밝아져 얼마 멀지 않은 거리에서 생수를 발견했습니다(창세기 21:19). 생수를 눈앞에 두고도 보지 못해 죽을 뻔했던 것입니다. 이처럼 우리 인생 앞에는 쉽게 마실 수 있는 영생수가 있건만 이것을 알지 못하고 울고 있으며 또한 죽어가는 영혼이 많습니다.

우리 눈을 열어 생수의 근원 되시는 예수를 바라보십시오! 우리를 살릴 생수가 그곳에 흐르고 있습니다(요한복음 4:10).

사마리아 여인의 눈을 밝게 하심

사마리아 여인은 영의 눈이 어두워서 우물가에 앉으신 메시아를 알아보지 못했습니다. 예수께서 여인더러 물을 좀 달라 하시니 여인은 "당신은 유대인으로서 어찌 사마리아 여인에게 물을 달라느냐?" 하며 유대인 남자가 자기를 천시하는 것을 하소연하는 듯한 말을 했습니다. 이렇게 말을 몇 마디 주고받는 동안에 청천벽력도 유분수지, 예수님께서는 천만뜻밖에 자기가 숨기고 있었던 과거 비밀생활을 발칵 뒤집어 놓았습니다. "네가 남편 다섯이 있었으나 지금 있는 자는 네 남편이 아니라" 하시니 그때부터 비로소 자기 죄악 생활에 대한 가책의 싹이 트기 시작하여 돌아서서 손가락을 꼽아 보았습니다. 돈 잘 쓰던 김 서방, 지식 많던 지 서방, 글 잘 쓰던 문 서방, 권세 좋던 권 서방, 허랑방탕 허 서방, 과거에 짝했던 남편 수를 막상 세어 보니 자기 속을 뚫어 보시는 예수님 앞에 머리를 숙이지 않을 수 없었습니다.

여인이 "주여 내가 보니 선지자로소이다" 하고 자복하였으니 이 여인의 눈이 점점 밝아짐에 따라 예수를 깨닫는 지식이 점점 깊어 갔습니다(요한복음 4:25-26). 처음에는 유대인의 남자로, 그다음에는 선지자로, 그다음에는 메시아로. 메시아로 알게 되었을 때는 물동이를 버리고 성으로 뛰어 들어가서 성에 있는 사람들에게 외쳤습니다. 어제의 음부 탕녀가 생수를 발견한 즉시로 돌연 전도부인이 되지 않았습니까!

지식이 없다느니, 경험이 없다느니 하고 교회의 책임을 피하는 신자나 남에게 전도하지 않는 벙어리 신자가 왜 있게 되었습니까? 이는 사마리아 여인 같은 변화가 없고 그 속에 생수가 없는 까닭입니다. 당시 야곱의 우물물을 길어다 먹은 사마리아 사람들은 먹고 나면 잠시 후에 또다시 목이 갈하여 일평생 목마른 생활을 할 수밖에 없었지만, 생수의 근원 되신 메시아를 만나고 영원토록 갈급이 없는 생수가 맘속에 솟아나게 된 것입니다.

오늘날 교인을 보면 남이 떠다 주는 물만 마시는 생활을 하고 있습니다. 주일에 교회에 가서 목사가 떠 주는 물 한 컵 마시고, 사경회 때 강사가 떠 주는 물이나 한 사발 마시고 맙니다. 그럴 것이 아니고 생수 되신 예수를 심령에 모셔 들여서 생수가 강같이 흐르는 생애를 보내십시오. 이는 믿는 자가 성신을 받을 것을 말한 것입니다.

발람의 눈을 밝게 하심

발람이라는 예언자가 뇌물에 눈이 어두워져서 이스라엘을 저주하려고 나귀를 타고 나갔습니다. 발람은 세력과 금전 앞에 나약한 선지자였습니다. 저가 처음에 거절한 것을 보면 양심적인 사람이었으나 뇌물을 가지고 여러 번 찾아오니 겨우 거절 비슷한 대답은 하였으나 뇌물에 대한 미련은 끊을 수 없었습니다. 그래서 그는 가급적 가보았으면 하는 마음을 가지고 하나님께 물었습니다.

하나님은 사람의 자유의지를 막는 분이 아니시기에 가라고 방임하셨습니다. 오늘날 신자는 방임과 허락을 분간하지 못하고 하나님께 허락이나 받은 듯이 덤비다가 실패하는 일이 많습니다. 발람이 얼싸 좋구나 하고 나귀를 재촉하여 이스라엘 진영을 향해 달리는 도중이었습니다. 하나님은 타락한 선지자에게 당신의 권능을 보이시려고 천사로 하여금 불칼을 가지고 발람의 길을 막았습니다. 나귀가 가지 못하니 뇌물에 눈이 먼 발람은 채찍으로 나귀만 때렸습니다. 하나님이 나귀의 입을 열어 말을 하게 하시니 그때에야 발람의 눈이 열려 여호와의 사자의 불칼을 본 것입니다. 이것은 징계의 칼날이니 우리도 눈을 열어 징계의 칼날을 봐야 할 것입니다.

제가 예전에 무순撫順교회에 가서 집회할 때 들은 이야기입니다. 어느 교회에 '집게벌레 집사'라는 별명을 가진 사람이 있었는데 이 사람이 주일에 예배드리러 가지 않고 마당에 누워서 낮잠을 자다가 집게벌레 한 놈이 귓속으로 들어가서 귀청을 물고 늘어지니까 벌떡 일어나 깡충깡충 뛰면서 "하나님, 한 번만 용서해 주시오" 하고 소리를 질렀다 합니다. 그 후에 벌레는 목적을 달성했다는 듯이 나와 버리고 이 사람은 정신을 차리게 되어 그 걸음으로 교회에 가서 회개하고 그 교회의 집사가 되어 지금까지 열심히 교회에 봉사해 별명이 '집게벌레 집사'라 합니다. 하나님은 벌레를 통해서라도 타락한 심령을 고치십니다.

저는 어머니의 인도로 6세부터 교회에 나갔습니다. 그러다가 18세 되던 해부터 그만 마귀의 꾐에 빠져 방탕한 생활을 했습니다. 모친이 마음 아프게 권하는 말씀에 반항하여 저는 "더 재미있게 난봉생활을 하다가 40세나 지나거든 또 믿겠다"는 난폭한 대답을 하기도 했습니다.

때는 여름이었습니다. 아버지가 팔아 오라는 과일을 가지고 평양성에 들어가서 판 돈을 가지고 방탕히 돌아다니며 다 허비해 버리고 집으로 돌아오는 도중에 돌연히 골막염이 발하여 기자묘[2] 앞에서 거꾸러졌습니다. 이것이 6월 24일이었

---

2 기자조선의 시조인 기자(箕子)의 묘. 평양시 기림리에 있다.

습니다. 그때부터 병이 들어서 3년이라는 긴 세월을 병석에 누웠습니다.

끝내 낫지 못하고 속절없이 죽게 될 21세 되던 7월 3일에 병상에 누운 고통의 심령에 주님의 음성이 들려왔습니다. "성봉아, 너는 죽을 터인데 지옥이 없다면 다행이거니와 만일 지옥이 있다면 그 형벌을 어찌하자는 말이냐?" 하는 음성을 듣고서, 곧 죽을 준비로 어머니 앞에 과거의 죄를 낱낱이 자복했습니다.

아! 저는 이 징계의 칼날 앞에서 그만 회개하지 않을 수 없었습니다. 하나님께서 저에 대하여 목적이 있으므로 그때 제 영혼을 거두지 않고 살리신 것입니다. 지금도 제 몸에 이 징계의 흔적을 짊어지고 다니는데 저는 이 흔적을 볼 때마다 감사의 눈물을 흘립니다. 오늘까지 30여 년 동안을 과한 실수 없이 주의 역사를 받들어 온 것도 그때에 징계의 칼날이 아니었다면 불가능했을 것이라는 생각이 듭니다.

눈을 밝게 하여 하나님의 보호를 보게 하심

아람 왕이 이스라엘과 전쟁을 할 때 아람 군의 작전 계획이 자꾸만 탄로가 나서 실패를 하게 되었습니다. 아람 왕은 선지자 엘리사가 이 비밀을 알아내는 줄 알고 아람 군대를 명하여 엘리사를 포위했습니다. 엘리사의 하인인 한 소년이 이것을 발견하고 선생님께 고하며 무서워 떨고 있었습니다. 엘리사가 하나님께 "이 소년의 눈을 열어 하나님의 군대를 보게 해 달라"고 기도하니 이 소년의 눈에 하나님 군대인 불말과 불병거가 가득히 둘러 서 있는 것을 보게 되었습니다(열왕기하 6:17).

우리는 환경이 악한 것만을 보지 말고 하나님의 군대가 우리를 보호하려고 둘러선 것을 보아야 합니다. 옛날에 아합과 바알에 굴하지 않던 엘리야도, 사자 굴에 들어갈지언정 사람에게 굴하지 않던 다니엘도 우리와 같은 성정을 가진 사람이었습니다. 그러나 그들을 그렇게까지 용감하게 만든 것이 무엇이었습니까? 그것은 바로 하나님의 보호를 보았던 까닭입니다.

두 제자의 눈을 밝게 하심

예수님이 십자가에 못박히실 당시 예루살렘과 온 유대국은 하나님의 아들이라고 하는 예수를 사형한다는 문제로 전에도 없었고 앞으로도 없을 만한 소요가 있었습니다. 예수를 사형에 처한 후에 민심이 조금 잔잔해진 듯했다가 예수의 시체가 어디로 갔는지 없어졌다는 소문이 퍼지자 다시 민심이 술렁

거리기 시작했습니다. 먼저는 예수를 죽이자고 소동이 일어났지만 지금은 큰 공포가 일어난 것입니다. 그가 정말 하나님의 아들이었는가, 그가 말하던 대로 정말 부활하지 않았는가 하고 긴장했을 때의 일입니다.

예수님의 시체가 무덤에서 없어졌다는 사실을 알고도 아직 예수님의 부활을 믿지 않던 두 제자가 엠마오로 가고 있었습니다. 그들은 아직도 예수님이 십자가에 못박히실 때의 비장한 장면만 생각하고 있었습니다. 부활하신 예수께서 이 두 제자에게 나타나셨으나 제자들의 눈이 혼미하여 선생님을 알아보지 못했습니다. 부활을 믿지 못하는 자의 심령의 눈은 이와 같이 혼미한 것입니다.

마리아는 예수님의 죽음만 생각하고 슬피 울며 예수님의 시체를 찾다가 부활하신 주님을 몰라보고 당신이 동산지기냐고 물었습니다. 우리의 신앙은 예수님의 죽음에서만 그칠 것이 아니라 거기를 지나서 예수님의 부활에까지 나아가지 않으면 눈이 혼미해질 수밖에 없습니다.

예수님께서는 두 제자의 신앙을 깨우셨습니다. "미련하고 선지자들의 말한 모든 것을 마음에 더디 믿는 자들이여"(누가복음 24:25) 하실 때 비로소 두 제자의 눈이 밝아져 주님인 줄을 알게 되었습니다. 형제여! 자매여! 눈이 밝아 부활하신 주님을 바라보십시오.

  보아라, 우리 주 부활하시었네
  돌무덤 헤치고 부활하시었다
  사망의 권세를 깨뜨려 버리고
  우리 주 부활하시었다

임마누엘 강단. 1955.

경건한 신앙생활의 10대 원칙

우리를 양육하시되 경건하지 않은 것과 이 세상 정욕을 다 버리고 신중함과 의로움과 경건함으로 이 세상에 살고(디도서 2:12)

1. 경신애인敬神愛人

"예수께서 이르시되 네 마음을 다하고 목숨을 다하고 뜻을 다하여 주 너의 하나님을 사랑하라 하셨으니 이것이 크고 첫째 되는 계명이요, 둘째도 그와 같으니 네 이웃을 네 자신 같이 사랑하라 하셨으니 이 두 계명이 온 율법과 선지자의 강령이니라"(마태복음 22:37-40).

모든 것 이상으로 하나님을 두려워하고 하나님을 사랑하고 하나님을 신뢰하며 주님의 사랑으로 사람을 사랑하십시오.

2. 생활의 순결
"오직 너희를 부르신 거룩한 이처럼 너희도 모든 행실에 거룩한 자가 되라"(베드로전서 1:15).

거룩하지 않으면 주를 보지 못합니다. 손을 깨끗하게 하고 마음을 정결하게 하고 사상을 깨끗하게 하고 입술을 깨끗이 하고 감정을 정결하게 하십시오.

3. 항상 기도
"예수께서 그들에게 항상 기도하고 낙심하지 말아야 할 것을 비유로 말씀하여"(누가복음 18:1).

"쉬지 말고 기도하라"(데살로니가전서 5:17).

기도할 때 주를 앙망하게 되고 마귀의 시험을 이기며 사람을 사랑할 수 있게 됩니다. 이것이 경건한 생활의 비결입니다.

4. 언행일치
"정직하게 행하며 공의를 실천하며 그의 마음에 진실을 말하며 그의 혀로 남을 허물하지 아니하고 그의 이웃에게 악을 행하지 아니하며 그의 이웃을 비방하지 아니하며 그의 눈은 망령된 자를 멸시하며 여호와를 두려워하는 자들을 존대하며 그의 마음에 서원한 것은 해로울지라도 변하지 아니하며"(시편 15:2-4).

진실하여 무언의 설교자가 되십시오. 말을 조심하십시오.

5. 성경 애독

"너희가 성경에서 영생을 얻는 줄 생각하고 성경을 연구하거니와 이 성경이 곧 내게 대하여 증언하는 것이니라"(요한복음 5:39).

무디는 "성령의 충만은 말씀의 충만"이라고 했습니다.

6. 감사의 봉사

"시와 찬송과 신령한 노래들로 서로 화답하며 너희의 마음으로 주께 노래하며 찬송하며 범사에 우리 주 예수 그리스도의 이름으로 항상 아버지 하나님께 감사하며"(에베소서 5:19-20).

받은 은혜에 감사하며 봉사하십시오.

7. 교회 사랑

"나는 이제 너희를 위하여 받는 괴로움을 기뻐하고 그리스도의 남은 고난을 그의 몸 된 교회를 위하여 내 육체에 채우노라"(골로새서 1:24).

모이기를 힘쓰며(히브리서 10:25), 신령과 진정으로 예배드리고(요한복음 4:24), 헌금과 십일조를 드리며(말라기 3:10), 교역자에게 순종하고(히브리서 13:17), 교회 형제와 우애하며(로마서 12:10), 봉사하십시오(에베소서 4:12).

8. 가족 구원

"만일 여호와를 섬기는 것이 너희에게 좋지 않게 보이거든 너희 조상들이 강 저쪽에서 섬기던 신들이든지 또는 너희가 거주하는 땅에 있는 아모리 족속의 신들이든지 너희가 섬길 자를 오늘 택하라. 오직 나와 내 집은 여호와를 섬기겠노라 하니"(여호수아 24:15).

"주 예수를 믿으라. 그리하면 너와 네 집이 구원을 받으리라"(사도행전 16:31).

9. 전도 간증

"너는 말씀을 전파하라. 때를 얻든지 못 얻든지 항상 힘쓰라. 범사에 오래 참음과 가르침으로 경책하며 경계하며 권하라"(디모데후서 4:2).

"사람이 마음으로 믿어 의에 이르고 입으로 시인하여 구원에 이르느니라"(로마서 10:10).

"쓰면 범이 되고 안 쓰면 쥐새끼가 된다"는 격언이 있습니다.

10. 시간 절약

"세월을 아끼라. 때가 악하니라"(에베소서 5:16).

"시간은 네 생활을 제조하는 재료"라고 했습니다.

결말

에녹은 하나님과 300년 동안 경건한 생활로 동행하다가 육신 그대로 승천했습니다. 우리도 임마누엘 성령의 임재 앞에서 순간순간 주로 호흡하고 "한 걸음 한걸음 주와 동행하다가 주님 재림하실 때 큰 환난을 피하여 인자 앞에 서게 하옵소서" 하고 기도해야 할 것입니다.

부흥설교 진수. 1963.

재림

재림의 약속과 우리의 준비

누가복음 12장 35-40절

"너희도 준비하고 있으라. 생각하지 않은 때에 인자가 오리라"(누가복음 12:40). 인자란 누구입니까? 예수입니다! 언제 오신다고 하셨습니까? 동짓달 스무닷샛날입니까? 어느 장로는 몇 해 전 11월 25일에 온다고 야단법석이었습니다. 또 지금 삼각산에 있는 어느 노인은 주후 2023년에 온다고, 아직 한 70년 남았다고 합니다. 또한 김제에 갔더니 5월 24일에 오신다고 하던데, 우리는 그런 소리를 곧이듣지 말아야 합니다. 그것은 마귀의 소리이기 때문입니다!

그날과 그때는 아무도 알지 못한다 했습니다. 여러분! 여러분은 죽을 날짜를 아십니까? 어느 사람에게 예수 믿자고 전도하니까 죽을 때 가서 믿겠다고 합니다. 그러나 그는 죽을 날짜를 알지도 못하면서 그러한 말을 하는 것입니다. 그러니 우리는 항상 깨어서 준비해야 합니다.

하나님께서 재림의 날짜와 죽음의 날짜를 감춘 것은 항상 준비하고 있으라는 뜻입니다. 그러나 데살로니가전서에 보면 참된 성도들, 준비된 성도들에게는 주님 오실 그 무렵에 순식간에 알려 주를 맞을 수 있게 할 것이라 했습니다. 참으로 주님 다시 오시는 귀중한 약속을 그대로 믿으십니까? 성경 신구약 안에는 하나님의 약속이 3만 가지가 있는데 그중에 가장 큰 것은 세 가지라고 합니다.

첫째는 주님의 초림 약속입니다. 구약시대 4,000년 간에 주님이 오신다 오신다 하시더니 그대로 다 이루어지고 말았습니다. 자, 잠깐 들어 보십시오. 예수가 아브라함 자손에서 나신다 하시더니 그대로 나셨고, 유대 지파에서 나신다 하시더니 그대로 나셨고, 동정녀에게서 나신다더니 그대로 유대 땅 베들레헴에서 나셨고, 애굽으로 피난 가신다더니 헤롯이 예수를 죽이려는 바람에 애굽으로 피난 가셨습니다.

나사렛 사람이라 하시더니 나사렛에서 장성하시고, 가난한 자의 친구가 되신다더니 빈궁한 자를 동정하시고, 병든 자의 구주가 되신다더니 병자를 치료해 주셨으며, 진리가 충만하게 하신다더니 그 입술에서 진리의 생수가 강같이 흘러나왔고, 한 식탁에서 떡 먹던 자가 팔꿈치를 들어 찬다 하더니 열두 제자 중 한 사람인 가룟 유다가 예수를 팔았으며, 은 30에 판다고 하시더니 그대로 은 30에 팔렸고, 죄인들 틈에 죽는다고 하시더니 두 강도 틈에 못박혀 죽으셨으며, 겉옷은 나누고 속옷은 제비 뽑는다고 하시더니 그대로 겉옷은 로마 병정들이 나누어 가지고 속옷은 통으로 짰기 때문에 제비 뽑아 가졌습니다.

부자 무덤에 장사하신다더니 아리마대 요셉의 무덤에 장사 지내고, 주의 거룩한 자로 썩어짐을 보지 않는다고 하시더니 사흘 만에 부활하셨습니다. 사로잡힌 자를 사로잡고 위로 승천하신다더니 40일 만에 500여 명이나 보는 데서 승천하셨습니다. 이처럼 주님에 대한 모든 약속은 꼭 들어맞게 성취된 것입니다.

둘째로 주신 약속은 성신을 주시겠다는 것입니다. 올라가서서 보혜사 성신을 보내 주신다더니 열흘 만인 오순절에 성령이 강림하사 2,000년 동안 성령의 시대로 각처에 교회를 세우시며, 나 같은 알부랑자를 회개시키시고 중생케 하시며 성결케 하시며 하늘의 생명을 주시고 능력을 주사 복음을 땅

끝까지 전하게 하시는 것입니다.

셋째로 주신 약속은 말세에 우리 주님이 공중에 오시어 택한 신부들을 영접하시며 이 지상에 오시어 심판하사 알곡은 모아 곳간에 들이고 쭉정이는 꺼지지 않는 불에 사른다고 하신 것입니다.

우리 주님이 오신다는 약속이 신약에만도 직접 그리고 간접으로 300여 번이나 있다고 합니다. 저는 이 말씀이 거짓이 아닌 줄을 믿습니다. 왜입니까? 제 마음을 미루어 보아서 알 수 있습니다. 어떻게 알까요? 저는 과거에 중생하지 못했을 때 거짓말을 많이 했습니다. 새빨간 거짓말도 하얀 거짓말도 잘했습니다. 새빨간 거짓말은 엉터리인 거짓말이고, 하얀 거짓말은 이래도 저래도 되는 거짓말입니다. 그렇게 거짓말을 잘하던 제가 예수를 믿고 중생한 후에는 빨간 거짓말은커녕 하얀 거짓말도 못합니다. 그래도 부지중에 양심에 꺼리는 말을 하면 즉석에서 회개하지 않고는 못 견디는 것입니다.

저 같은 알부랑자라도 이렇게 마음이 변화되어 거짓말을 못하게 되었는데 어떻게 성경을 쓰신 구약과 신약의 선지자들, 신약의 사도들, 또한 우리 주님 같으신 이가 다시 오시지도 않을 것을 오신다고 빨간 거짓말을 하여 인류를 속일 수 있겠습니까? "거짓말, 거짓말! 모두 지어낸 거야. 예수가 오시긴 뭐가 오셔!" 이렇게 말하고 의심하는 자들은 자기가 거짓말쟁이니까 남도 거짓말쟁이로 아는 것입니다. 제 마음을 미루어 보아 남의 마음을 아는 법입니다. 자기의 마음이 바르면 남에게 자꾸 속으면서도 사람이 그럴 리가 있나 하면서 믿어 주게 됩니다. 여러분의 마음이 바르면 이 성경, 1,100여 방언으로 번역된 말씀, 문자로 나타나기 시작한 것이 3,600여 년이 된 이 말씀을 믿으시기 바랍니다.

이 천지는 변하여도 주님 말씀 변찮아
이 시대의 징조 보라, 문 앞에 주 오신다
예비하라 성도들아, 주님 다시 오신다
기쁘다 할렐루야 아멘 주여 오소서

그러므로 인간들이 믿든지 말든지 하나님 아버지의 최대 경륜經綸이시요, 주님의 최대 목적이시요, 인류의 최대 문제요, 성도들의 최대 소망인 우리 주님은 오시고야 말 것입니다. 잉태한 부인은 아기를 낳는다, 낳는다 늘 말하다가 그대로 낳고야 맙니다. 그처럼 사도시대부터 주님이 오신다, 오신다 하던 것이 이제는 정말 우리 시대에서 절박감을 느끼지 않을 수 없습니다. 자연계의 징조를 보든지, 국제와 사회 징조를 보든지, 인심의 징조를 보든지, 주의 말씀이 다 그대로 이루어지는 때를 당했습니다.

여러분은 예비하십시오. 생각지 않을 때 인자가 오실 것입니다. 두 사람이 잠을 잘 때 한 사람은 데려가고 한 사람은 두고, 두 사람이 밭에서 일할 때 하나는 데려가고 하나는 두고, 두 여인이 맷돌질을 할 때 한 여자는 데려가고 한 여자는 두고, 열 처녀 가운데 다섯 명은 데려가고 다섯 명은 남게 됩니다.

모든 신자 가운데 한 반수 정도 올라간다는 것입니다. 그런데 누구는 반도 못 올라간다고 합니다. 왜 그러느냐 하니 길바닥과 같은 신자도 실패요, 자갈밭 같은 신자도 실패요, 가시덤불 신자도 실패니 사분의 삼은 떨어지고 옥토 신자 사분의 일쯤밖에 구원받을 수 없다고 합니다. 이분의 일이든 사분의 일이든 무슨 상관입니까? 준비만 잘하면 문제가 없는 것입니다.

재림을 준비하는 방법
그러면 우리는 어떻게 해야 합니까?

1. 깨어서 준비하라
"신랑이 더디 오므로 다 졸며 잘새"(마태복음 25:5). 슬기로운 처녀는 졸고 미련한 처녀는 잠을 잡니다. 잠자는 것과 조는 것은 다릅니다. 조는 것은 안 졸려고 애를 쓰면서도 깜박깜박 졸게 되는 것입니다. 그러나 잠자는 것은 마음 놓고 머리가 어떻게 되든 저고리 치마가 어떻게 되든 등불이 어찌되든 알지 못하고 코를 드르렁드르렁 골면서 깨워 놓으면 또 자고 흔들어도 돌아누워서 또 자는 것을 말합니다. 오늘날 교회에는 잠쟁이가 참으로 많습니다.

"자는 자여, 어찜이뇨? 일어나서 네 하나님께 구하라"(요나서 1:6). 요나 선지자는 하나님의 명령을 불순종하고 마귀의 배를 타고 도망칠 때, 그 배의 다른 사람들은 풍랑을 만나 야단법석인데 혼자 배 밑창에서 달게 잠을 잤다고 했습니다. 하나님의 종 선지자가 기도하지 않고 잠만 자다가 믿지도 않는 선장에게 기도하라는 권면을 받게 됩니다. 믿는다고 하면서도 양심이 마비되어 잠자는 잠쟁이보다 믿지 않는 사람이 도리어 나을 때가 있는 것입니다.

"잠자는 자여, 깨어서 죽은 자들 가운데서 일어나라. 그리스도께서 네게 비취시리라"(에베소서 5:14). 이때는 자다 깰 때입니다. "만물의 마지막이 가까웠으니 그러므로 너희는 정신을 차리고 근신하여 기도하라(베드로전서 4:7).

《천로역정》에 보면 기독자는 가는 길에서 잠쟁이 세 사람을 만납니다. 이름은 우매함, 게으름, 자만함임입니다. 기독자가 "우매함아, 너 웬 잠을 그리 자느냐, 이렇게 위험한 데서!" 하니 "위험하기는 무엇이 위험해? 이곳은 우리 아랫목이다" 하였고, "게으름아, 일어나라" 하니 "아이구, 조금만 더 자자" 하며 게으름을 피웁니다. "자만함이여, 일어나라" 하니 "이 자식아, 너는 네 걱정이나 하지 남의 걱정은 왜 하냐?" 하면서 그냥 잠을 잡니다.

오늘 교회 안에 있는 잠쟁이들을 대개 세 종류로 나눌 수 있습니다. 우매함과 같이 몰라서 자고, 게으름과 같이 게을러서 자고, 자만함과 같이 자만하여 자는 것입니다. 성경에도 잠을 자다가 실패한 사람들이 부지기수로 있습니다.

2. 허리에 띠를 띠고

어떤 사람은 잠을 깨기는 깨었으나 옷도 입지 않고 드러누워서 공상과 망상 속에서 뒹구는 자가 있습니다. 깨어 일어나 옷을 입고 띠를 띠고 활동하며 일을 해야 합니다. 그 띠는 무슨 띠입니까?

1) 베드로전서 1장 13절을 보십시오. "너희 마음의 허리를 동이고 근신하여 예수 그리스도의 나타나실 때에 너희에게 가져올 은혜를 온전히 바랄지어다."

근신의 띠로 허리를 동이고 방심하지 말고 근신하고 알맞게 절제해야 합니다. 일거수일투족 모든 일에 조심해야 합니다. 경거망동輕擧妄動하다가는 실패하고 맙니다. 말에 근신하고 행동에 주의하며 모든 생활에 절제함으로 준비하십시오.

2) 에베소서 6장 14절을 보십시오. "서서 진리로 너희 허리띠를 띠고……." 이는 참되어야 한다는 것입니다.

표리부동表裏不同하고 외식하고 가면을 쓴 위선자는 주님이 제일 미워하십니다. 죄가 아무리 많아도 그대로 솔직히 고백하고 주께 나오는 세리와 창기는 사랑하시지만 외식하는 바리새인과 제사장, 서기관들은 주님이 미워하시는 것입니다. 하나님께서는 정직히 행하는 자에게는 아무 좋은 것이라도 아끼지 않고 주십니다. 주님은 진실한 사람을 찾고 계십니다.

3) 골로새서 3장 14절을 보십시오. "이 모든 것 위에 사랑을 더하라. 이는 온전하게 매는 띠니라." 즉, 사랑의 띠입니다.

믿음과 소망, 사랑 중에 제일은 사랑입니다. 계명의 대지는 마음을 다하고 성품을 다하고 뜻을 다하고 힘을 다하여 하나님을 사랑하는 것이요, 이웃 사랑하기를 자기 몸같이 사랑하는 것입니다. 하나님은 곧 사랑이요, 주 예수도 사랑이십니다. 우리가 성신 받은 증거는 사랑밖에 없습니다. 주님도 "내가 너희를 사랑한 것같이 너희도 서로 사랑하라"(요한복음

13:34) 하셨습니다.

　종교계에 위대한 것 다섯 가지가 있다고 고린도전서 13장에서도 말씀하지 않았습니까? 사람의 방언과 천사의 말을 하는 웅변, 모든 학술을 통달하는 지식, 산을 옮길 만한 믿음, 내게 있는 것으로 구세하는 자선사업, 내 몸을 불사르는 순교, 모두 위대한 것입니다.

　그러나 거기에서 사랑 하나를 빼놓으면 아무것도 아닙니다. 사람의 방언과 천사의 말을 하는 웅변으로 사람을 울리고 웃기고 큰 인기를 얻을지라도 사랑이 없는 웅변은 앵무새, 축음기와 같이 생명이 없이 울리는 꽹과리와 같은 것이요, 천문지리의 이치를 환히 꿰뚫고 신구약의 지식과 정통과 이단의 교리 지식이 풍부할지라도 사랑 없는 지식은 인간에게 독약이 될 것이요, 산을 옮길 만한 믿음이 있을지라도 사랑이 없는 신앙은 미신이나 이단이 됩니다. 무엇이 이단이고 사교邪敎입니까? 사랑 없는 신앙이 미신과 이단입니다. 또한 내게 있는 것으로 가난한 자를 구제하고 자선사업을 많이 할지라도 사랑 없는 자선사업은 위선밖에 될 수 없습니다. 해방 후에 고아원, 모자원, 양로원이 우후죽순같이 일어났지만 참말로 사랑의 자선단체가 얼마나 됩니까? 자선이라는 미명 아래 사리사욕을 채우고 명예와 인기를 낚으려는 위선자가 적지 않습니다. 또한 내 몸을 불사르는 순교를 할지라도 사랑이 없는 순교는 지옥의 밑창 귀신밖에 될 것이 없습니다. 일제시대와 인민 공화국 시대에 많은 순교자가 났지만 진정한 참 순교자, 스데반과 같이 돌무더기에 들어가면서도 원수를 위해 축복하고 가신 아름다운 순교자가 얼마나 되는지 주께서 아실 것입니다.

4) 요한복음 13장 4절을 보십시오. "저녁 잡수시던 자리에서 일어나 겉옷을 벗고 수건을 가져다가 허리에 두르시고." 주께서 제자들의 발을 씻기려고 허리에 수건을 동이시고 대야에 물을 떠서 봉사하신 봉사의 띠입니다.

인자가 온 것은 섬김을 받으러 온 것이 아니라 뭇사람을 섬기러 왔다고 하셨습니다. 어떤 신자들은 믿음이 좋은 것 같은데 일하기를 싫어하고 주를 위해 또 교회를 위해 다른 사람을 위해 손가락 하나 움직이려 하지 않습니다.

어느 교회에서 신자들이 예배당을 도무지 청소하지 않아서 결국 그 교회 목사님이 빗자루를 들고 예배당을 쓰니 한 양복쟁이 집사가 일어나서 무릎을 톡톡 털고는 목사가 쓸어 놓은 쪽으로 딱 가서 앉더라고 합니다. 자기 앉았던 그 자리까지 마저 쓸라고 한 것입니다. 얼마나 얄미운 집사입니까? 그러한 사람이 교회의 집사라 하니 교회가 될 것이 무엇이겠습니까? 물론 목사가 교회를 쓰는 것은 참으로 잘했지요. 그러나 그 집사님이 "아이고, 목사님" 하고 얼른 그 빗자루를 빼앗아 대신 쓸면 얼마나 좋았겠습니까? 양복을 톡톡 털고 저편으로 가서 성경만 읽고 있다니요. 성경 백 번 읽어 보십시오. 과연 주가 그를 기뻐하실까요?

우리 성도들도 봉사의 정신을 좀 가져야 합니다. 일하기 싫거든 먹지도 말고 하셨습니다. 봉사하면 우리에게 기쁨과 즐거움이 옵니다. 또한 좋은 습관을 기르게 됩니다.

5) 출애굽기 12장 1절을 보십시오. "허리에 띠를 띠고 발에 신을 신고 손에 지팡이를 잡고 급히 먹으라. 이것이 여호와의 유월절이니라." 이스라엘 백성이 애굽에서 430년간 종살이를 하다가 해방되는 밤이었습니다. 애굽의 크고 좋은 집, 기름진 논, 금은 패물, 값비싼 비단, 수많은 소와 양떼를 다 내버리고 보따리를 가볍게 꾸려서 여행할 때의 차림으로 띠를 띤다는 말입니다.

재림의 예수를 준비하는 제일 귀한 준비는 나그네의 마음을 가지는 것입니다. 베드로전서 2장 11절을 보십시오. "나그네와 행인 같은 너희를 권하노니……." 이 말씀은 언제나 길을 가는 것과 같은 나그네의 정신으로 이 세상을 지내란 말입니다. 그러면 나그네는 어떠한 것입니까? 저는 20여 년간 밤낮 돌아다니며 고등 거지생활을 했기 때문에 나그네의 사정을 잘 압니다.

첫째로 고향이 그립고 집이 그리운 것이 나그네입니다. 여러분의 고향은 어디입니까? 저의 고향은 평안남도 대동군 시족면 건지리 496번지입니다. 고향 떠난 지 수십 년에 항상 그리운 곳이 그곳입니다. 그러나 그 고향보다 더욱 그리운 곳은 하늘나라 우리 집입니다. 보석성의 제 집은 영원무궁토록 낡아짐이 없는 곳입니다. 그 높은 곳에 우리 하나님이 계시고, 우리 주님이 저를 위해 대신 기도하시며, 있을 곳을 예비하고 계시며, 모든 천군 천사들과 앞서간 성도들, 우리 어머니와 동생, 딸과 친구 목사님들이 기다리는 저 하늘나라 고향이 참으로 그립습니다.

둘째로 나그네의 생활은 괴로운 것입니다. 야곱은 "내 나그네 길의 세월이 일백삼십 년이니이다. …… 우리 조상의 나그네 길의 세월에 미치지 못하나 험악한 세월을 보내었나이다"(창세기 47:9) 하고 바로왕 앞에서 증거했습니다.

저는 종종 부흥회를 하러 다니면서 참말로 어떤 교회에서는 굉장히 대접을 잘 받습니다. 그렇지만 우리 집만 못한 곳이 많습니다. 불편하고 부자유하고 어쩐지 어려운 것이 많음을 느낍니다. "세월은 빠르게 흘러가는데 이 나그네 된 나는 괴로운 세월 가는 것 금할 것 아주 없네."

   셋째로 나그네의 생활은 잠깐입니다. 괴로워도 잠깐이요, 즐거워도 잠깐입니다. 성공도 잠깐이요, 불행도 잠깐입니다. 얼굴 고운 것도 잠깐이요, 미워도 잠깐 사이입니다. 할머니들, 아이 적에 소꿉질하던 생각 안 나십니까? 가마 타고 시집 가던 생각 나시지요? 아버지들은 팽이 치고 연 날리던 날이 어제 같지요? 그러나 어느새 머리는 허옇게 달래 바구니처럼 되고 얼굴은 쭈글쭈글 휴지 구겨 놓은 것 같고 허리는 꾸부러져 지팡이를 의지해야 길을 걸으니 참으로 나그네 길은 빠릅니다.

   홍안紅顔(붉은 얼굴) 소년 미인들아 자랑치 말고
   영웅호걸 열사들아 뽐내지 마라
   유수 같은 세월은 늘 재촉하고
   저 적막한 공동묘는 너 기다린다

   넷째로 나그네는 짐이 가벼워야 합니다. 길 가는 나그네는 보따리가 크면 죽을 지경입니다. 기차 타기도 힘들고 자동차 타기도 힘듭니다. 그런데 왜 보따리만 자꾸 크게 하려고 야단입니까? 이사 가려면 많다고 하면서도 뭣도 없고, 뭣도 없고, 밤낮 없다고만 야단입니다. 그렇다고 오늘 당장 집 팔고 논밭

다 팔아 없애란 말은 아닙니다. "심령이 가난한 자는 복이 있나니 천국이 저희 것"(마태복음 5:3)이라 했습니다. 고무풍선이 속이 비어 바람을 타고 둥실둥실 위로 올라가는 것같이 우리 마음을 가볍게 해야 성신의 바람을 타고 높은 하늘에 올라가 세상을 좀 내려다보면서 살 수 있는 것입니다.

세상에는 두 가지 부자가 있습니다. 물질을 자꾸 쌓아 놓은 부자가 있는가 하면, 욕심을 줄이는 부자가 있습니다. 100만 원의 욕심을 가진 자는 99만 9,999원이 되어도 불만입니다. 왜? 1원이 모자라기 때문입니다. 그러나 아주 밑천을 0으로 잡아서 사는 사람은 1원만 생겨도 부자가 되는 것입니다. 항상 나그네의 마음을 가지고 독수리같이 위로 올라가시기 바랍니다.

3. 등불을 밝게 켜 들지어다

등불은 무엇입니까? 여러 가지로 성경에 기록되었지만 시편 119편 105절을 보십시오. "주의 말씀은 내 발에 등이요, 내 길에 빛이니이다." 진리의 등불인 성경 말씀을 밝히십시오. 또한 잠언 20장 27절을 보십시오. "사람의 영혼은 여호와의 등불이라" 하셨습니다.

그러므로 우리 심령이 심지를 바로잡아 말씀의 불을 켜 들고 오시는 주님을 고대해야 합니다. 말씀의 심지가 교만으로 올라가면 연기가 나는 것이요, 심지가 좌우로 찌그러져 이성에 기울고 금전 욕심에 기울면 말씀의 불도 같이 찌그러집니다. 또한 심령의 심지가 실망과 낙망으로 빠져들어 가면 불이 꺼지고 맙니다. 또 마음의 심지가 남을 미워하는 것과 시기로 인해 앞으로 구부러지면 말씀의 불을 전하지 못합니다.

"무릇 지킬 만한 것보다 더욱 네 마음을 지키라. 생명의 근원이 이에서 남이니라"(잠언 4:23). 마음의 심지를 바르게 하여 말씀의 등불을 밝게 켜 들고 '이제인가, 저제인가' 기다리는 신부들에게 복이 있습니다.

> 사랑하는 나의 주님
> 언제나 오시렵니까?
> 택한 신부 맞으시려
> 언제나 오시렵니까?
> 일구월심日久月深(날이 오래고 달이 깊어간다) 오래도록
> 주님 생각 간절합니다
> 사모하는 나의 주님
> 속속히 오시옵소서
>
> 사랑의 강단. 1961.

재림의 복음

마태복음 24장 1-51절, 요한계시록 16장 15절

성경 중에 제일 많이 언급한 곳에 진리가 있다고 한다면 이는 곧 '재림'일 것입니다. 재림에 대한 약속은 무려 318회나 기록되어 있습니다. 혹자는 성경에 기록된 도덕률에 대해서는 믿지만 재림은 믿지 않습니다. 그래서 구약을 없애고, 신약에서는 묵시록을 없애고, 사도신경을 뜯어고치고, 예수의 재림설을 부인한다고 합니다. 이는 물을 것도 없이 마귀의 역사입니다.

신자나 불신자나 말할 것도 없이 하나님의 말씀을 부인하니 마귀가 아니고 무엇입니까? 성경은 부인한다고 해서 부인될 것이 아니고, 재림도 부인한다고 해서 물론 없어질 것이 아닙니다. 그러나 이를 부인하는 자는 죄가 없다고 못할 것이니 우리 믿는 사람은 주의해야 합니다.

과거 역사에서 우리는 구약의 예언 성취를 경험했습니다. 아브라함의 혈통으로 예수가 탄생하실 것을 벌써 4,000년 전에 창세기 3장 15절에 예언했고, 100여 년 전 이사야 선지자는 그리스도가 동정녀의 몸에서 탄생하실 것을 예언했고(이사야 7:14), 미가 선지자는 베들레헴에서 탄생하시겠다고 장소까지 예언했으며(미가 5:2), 심지어 예수께서 십자가에서 돌아가실 때 예수님의 옷을 제비 뽑을 것까지 말했습니다(시편 22:18).

이러한 구약의 말씀들이 다 성취되지 않았습니까? 예수께서 운명하실 때 "다 이루었다"고 하신 말씀은 물론 구속의 사업을 완전히 이루었다는 말씀이지만 구약의 모든 선지자가 자기를 가리켜 예언한 약속을 다 이루었다는 말씀도 됩니다. 그렇다면 예수님이 "하늘로 올라가심을 본 그대로 오시리라"고 하신 말씀도 이제 이루어질 것이 분명하지 않겠습니까?

어느 교회의 영수領袖[1] 한 사람이 믿은 지 오래건만 재림에 대한 확신이 서지 않았다고 합니다. 어느 날 깨어 보니 곁

---

[1] 여러 사람 가운데 우두머리. 특히 장로교에서 조직이 아직 갖추어지지 않은 교회를 인도하는 지도자를 말한다.

에 누워 자던 자기 부인이 별안간 간 곳 없고 누웠던 자리에는 성경이 펴져 있는데 "두 여자가 맷돌질을 하고 있으매 한 사람은 데려가고 한 사람은 버려둠을 당할 것이니라"(마태복음 24:41)는 구절에 빨간 줄이 그어 있더랍니다. 이상한 일이라고 생각하여 아들 며느리 자는 방을 가서 본즉 그들도 역시 그 성경 구절에 빨간 줄을 그어 놓고 간 곳이 없었습니다.

이 영수는 그때야 정신이 번쩍 나서 '이거 우리 식구는 다들 어디로 나가 버리고 나만 빠졌구나, 야단이로구나! 에라, 지금이라도 교회 목사님을 찾아가서 의논해야겠다' 하고 곧 달려가 보니 온 교회 신자들이 모여들어서 그 목사님을 가운데 세워 놓고 달라붙어 잡아 뜯으면서 하는 말이 "글쎄, 이놈의 목사야, 다른 교회 신자는 다 들려 올라갔는데 우리 교회 교인만 들려 올라가지 못했으니 이거 어쩌잔 말이오! 목사가 재림이 있다고 분명히 가르쳐 주었더라면 우리가 준비하여 들려 올라갔을 터인데 재림을 분명히 가르쳐 주지 않았기 때문에 우리는 들려 올라가지 못했으니 이거 어쩌란 말이오!" 하고 아우성을 치며 큰 소요를 하는 통인데, 곁에서 자던 자기 부인이 흔들어 깨우는 바람에 눈을 떠 보니 한바탕 꿈이었다고 합니다. 그 영수는 꿈을 깨고 나서 자기의 과거 신앙을 반성하고 그때부터 재림을 확신했다고 합니다.

하여간 먼저 말씀한 바와 같이 예수가 다시 오신다고 하는 문제는 세계 역사상에 큰 사실로 남아 있습니다. 그러면 예수께서 무엇 하러 오시겠습니까? 여기에 대해 몇 가지 말씀드리려 합니다.

세상 인류를 심판하시려고 오심

세상에서 참 공정한 심판은 예수님께서 오셔야 이루어집니다. 우리가 상식적으로 생각해도 한 번은 공정한 심판이 꼭 있어야 할 것이라고 믿어집니다. 불공평하게 묻혀서 넘어간 과거 인류역사를 다시 한번 되새기고 엄밀한 조사와 공정한 판결이 있어야 하겠다는 말입니다.

악한 사람이 선한 사람의 받을 상급을 받는 일이며, 선한 사람이 악인의 누명을 쓰고 영원히 풀지 못할 원한을 품고 지하에 돌아가는 일이며, 충신은 간신의 누명을 쓰고 도리어 간신이 충신의 명예를 받는 일이며, 진정한 애국자는 가난에 쪼들리고 간교한 매국노나 모리배謀利輩가 부귀를 누리며, 절개가 굳은 여자와 어진 어머니는 소박을 맞고 간사 요망한 악녀들은 온갖 사랑을 받고 넘어가는 일들이 세상에는 얼마나 많습니까?

이러한 세상을 볼 때 하늘에 공평하고 바른 도리가 있느냐고 의심하며 선에 대해 의문을 가지는 자가 얼마나 많은지 알 수 없습니다. 그러나 이러한 일들, 즉 선과 악의 사실을 옻짝 가르듯 좍 갈라서 명백한 심판을 지을 날이 있을 것인데, 그것은 예수님이 오셔야 되는 것입니다. 사람으로서는 공정한 심판을 할 수도 없으려니와 사람은 사람의 죄를 심판할 자격이 없습니다. 하늘에서 내려오신 신이 아니고는 인류의 죄를 공정히 심판할 수 없다는 것을 세상은 점점 깨닫고 있습니다. 여러분은 심판의 주 한 분이 계신다는 사실과 여러분의 행한 일이 언젠가는 심판을 받는다는 것을 반드시 알아두어야 합니다.

인류의 눈물을 씻으려고 오심

이 세상은 눈물의 골짜기입니다. 이 세상이라는 골짜기에는 눈물 흘릴 일이 얼마나 많습니까! 수를 능히 헤아릴 수 없습니다. 억울한 눈물, 고민의 눈물, 질병의 눈물, 기근의 눈물, 전쟁의 눈물, 고아의 눈물, 과부의 눈물, 참회의 눈물, 고별의 눈물, 그리운 눈물, 약자의 눈물, 애국의 눈물, 배척의 눈물, 실연의 눈물, 무식의 눈물, 동정의 눈물, 심지어 감격의 눈물, 기쁨의 눈물까지 있어서 이래도 흘리고 저래도 흘리고, 어찌하든지 눈물을 흘리게 마련인 세상입니다.

누군가 말하기를 "아이가 나서 처음에 우는 뜻을 그대는 아는가 모르는가? 인간이 세상에 한 번 나와 보매 만 가지 근심이 따르기 때문이라네"라고 했습니다. 이런 말과 같이 사람이란 눈물로 시작해 눈물로 끝나는 것이라고 볼 수밖에 없습니다. 세상에 왔을 때는 자기가 울고, 세상을 떠날 때는 남을 울리는 것이 인간이요 세상입니다.

그런데 예수님이 오시면 이런 눈물 저런 눈물을 다 거두어 주십니다. 어떠한 종류의 눈물을 막론하고 눈물 없이 사는 시대가 전개될 것입니다. 이것이 인간의 최고 이상입니다. 또한 특별히 성도의 눈물을 씻어 주십니다. 성도의 눈물이란 세상 사람이 흘려 보지 못하고 알지 못하는 눈물입니다. 소돔 사람이 아브라함의 눈물을 알지 못했고, 예레미야의 눈물을 당시 유대 민족들이 알지 못했고, 오늘날도 이 세상은 영혼을 위해 흘리는 눈물을 알지 못할 것입니다. 그러나 그때에는 만민 앞에서 이런 눈물을 씻어 주실 줄 믿어 의심치 않습니다.

영화롭게 시온 성문 들어가서 다닐 때
눈물 없이 황금 길을 다니며
금 거문고 맞추어서 새 노래를 부를 때
세상 고생 모두 잊어버리리

재림의 징조는 어떠한가

성경에는 예수께서 오시기 전에 여러 가지 징조가 있을 것이라고 기록되어 있습니다. "이 모든 일을 보거든"(마태복음 24:33) 하신 말씀은 예수가 오실 것을 예시하는 징조를 말한 것입니다.

첫째로 사회 정세를 보아 알 수 있습니다. "민족이 민족을 대적하여"(마태복음 24:7). 이것은 동족상쟁同族相爭이라고 볼 수밖에 없습니다. 그러면 동족상쟁은 예수 오실 일의 한 가지 징조라는 말씀입니다.

이웃 나라 중국은 자기 동족끼리 싸우기를 그칠 줄 모르고 계속하고 있습니다. 과거 프랑스 혁명이나 러시아의 혁명이나 스페인 내란이나 미국의 남북 전쟁이나 오늘날 좌우 사상으로 동족끼리 얼마나 피를 흘리고 싸우고 있습니까! 그들의 경우와 시비를 막론하고 동족상쟁이라는 것은 말세에 나타나는 한 징조로 볼 수밖에 없습니다.

둘째로 자연계의 징조가 있습니다. "기근과 지진이 있으리니"(마태복음 24:7). 과거에도 전 세계적으로 기근이 많았겠지만 지금도 당하고 있습니다. 특히 한국에서 당하는 기근을 생각해 보십시오. 아마도 우리 가운데 팔 할 이상이 이 기근을 경험했을 것입니다. 이것이 다 흉년이 있다는 예언이 성취되어 가는 현상입니다. 또한 지진이 있다는 말씀에 대해서도 10여 년 전에 일본에서 이러한 것이 일어난 잔재라든가, 또 주후 79년에 이탈리아 베수비오 화산이 터져서 폼페이라는 항구가 순식간에 화산재에 매몰된 참혹한 사실들을 두고 보더라도 이 말씀 성취의 전주곡임을 알 수 있습니다.

그뿐입니까! 요한계시록 16장 21절에 보면 백 근짜리 우박이 내린다고 했습니다. 백 근이라고 하면 지금 우리나라의 쌀 한 가마니 중량과 같을 것입니다. 이런 우박이 그 높은 하늘에서 **빠른** 속도로 떨어지면 사람이나 육축이나 곡물이나 건물이나 무엇을 막론하고 견딜 것이 없을 것입니다. 성경에도 이 우박으로 인해 피해가 심히 크니 사람들이 하나님을 훼방한다고 했습니다. 얼마 전에 이러한 우박이 와서 큰 피해를 입은 일도 있고, 수십 년 전에 우리나라에서도 계란 같은 우박이 내려서 사람과 가축이 상하고 장독이 다 부서진 일이 있었습니다.

하여간 말세에 하나님을 거역하는 강퍅한 인간들을 형벌하시려는 재앙이니, 인력이나 과학의 힘으로 막을 수 없는 무서운 심판이 있을 것을 알아야 합니다. 애굽의 열 가지 재앙이나 소돔의 유황 비는 이다음 세대인 소돔과 애굽(요한계시록 11:8)에 내릴 징조를 보인 것입니다.

셋째로 국제 정세의 징조가 있습니다. "나라가 나라를 대적하여"(마태복음 24:7). 이는 물을 것 없이 전쟁을 말합니다. 인간에게 무서운 재난은 전쟁입니다. 전쟁이 무서운 일이라는 것은 전 세계 인류가 경험한 것이니 말할 것도 없습니다.

우리는 제2차 세계대전에서 스탈린그라드의 독일과 소련 사이의 전쟁이라든지, 제1차 세계대전에서 영국과 독일의 전쟁 등이 얼마나 처참한 전쟁인가를, 일본의 동경과 히로시마 폭격전이 얼마나 무서운 전쟁이라는 것을 알 수 있지 않습니까? 그런데 요한계시록 16장에서 보면 이와 같은 세계대전이 아직도 남아 있다고 생각할 수밖에 없습니다. "그들은 귀신의 영이라. 이적을 행하여 온 천하 왕들에게 가서 하나님 곧 전능하신 이의 큰 날에 있을 전쟁을 위하여 그들을 모으더라. 세 영이 히브리어로 아마겟돈이라 하는 곳으로 왕들을 모으더라"(요한계시록 16:14, 16). 이것이 아마겟돈 전쟁입니다.

세상의 정치가들은 전쟁이 찾아오지 않기를 원하고 있습니다. 평화를 건설하려고 노력합니다. 그러나 평화 건설이 되지 않습니다. 왜입니까? 그 이유는 여러 가지가 있겠지만 성경을 믿는 우리로서는 두 가지 이유를 들 수 있습니다. 하나는 아마겟돈 전쟁이 아직 남아 있는 것, 또 하나는 평화의 왕이신 예수 재림의 시기가 아직 남아 있기 때문이라는 것입니다.

과연 생각 있는 사람들은 하나님의 아들 예수님의 재림이 있기 전에는 세상을 평화롭게 할 수 없다는 절실한 느낌을 다 가지고 있습니다. 반면에 아직도 세상에 큰 전쟁이 일어날 가능성이 있다고 하는 이유는, 믿음은 고사하고라도 사람들의 예민한 신경이 벌써 예감하고 있기 때문에 인류가 안심하지 못하고 있는 것입니다. "주여, 어서 오시옵소서."

넷째로 세대의 인심에서 보이는 징조입니다. "불법이 성하므로 많은 사람의 사랑이 식어지리라"(마태복음 24:12). 먼저 말한 천재지변은 보이는 징조라 하겠지만 그보다 자취 없이 오는 무서운 징조는 사람들의 애정이 식어지는 일입니다.

제가 기차나 전차를 탈 때 사람들이 약한 여자가 밟히든 말든 자기만 타려고 서로 밀고 싸우는 것을 보았는데 슬그머니 걱정이 생겼습니다. '이다지도 사람의 마음에 겸양이 없고 애정이 없을까? 우리 대한이 언제나 저런 곳에서도 서로 겸양하는 덕을 가지는 국민이 될까?' 하고 탄식하지 않을 수 없었습니다. 사람들이 서로 모인 곳에서 애정은 도무지 볼 수가 없고 서로 먹고 씹으려는 것밖에 없습니다.

더구나 사랑의 단체라고 하는 교회를 보아도 역시 그렇습니다. 오늘날 예배 장소에 가 보면 어쩐지 훈훈한 감이 없고 겨울 동산의 돌부처같이 싸늘하기 짝이 없습니다. 목사들은 자기 간판이나 내세우고 수완만 자랑하고 수단과 모략만 사용해 자기 직분의 체면 유지에 급급할 뿐입니다. 참으로 형제를 사랑하며 영혼을 사랑하여 남을 섬기는 종의 생활과 기도의 생활은 하지 않습니다. 교회 발전을 위해 하는 일이라고는 모여서 싸우는 것 외에 교회를 위해 아무 효과가 없고 도리어 영혼을 넘어지게 하는 일뿐입니다.

때로는 저희끼리 모여서 사랑하고 기뻐하지만 밝은 눈으로 그 내용을 검토해 보면 유유상종에 불과합니다. 서로 취미가 동일하고 처지가 동일하고 혹 신조가 동일하니까 저희끼리 사랑하고 교제하는 것뿐이니 오히려 세상 사람들의 반감과 질시를 살 뿐입니다. 다시 말하면 원수를 사랑하고 나보다 못한 약자에게 더욱 친절하고 세상에서 배척당한 낙오자를 찾아서 따뜻한 우정으로 사귀어 주는 예수님의 사랑이 아니라는 말입니다.

이는 조금도 과도한 비판이 아닙니다. 오늘날 교회 내부를 보면 이상야릇하고 비루한 일이 많습니다. 성공자는 성공자끼리, 부자는 부자끼리, 옷 잘 입은 사람은 옷 잘 입은 사람끼리, 학식 있는 사람은 학식 있는 사람끼리 서로 친하고 서로 몰려가고 몰려오고 서로 모여 앉고 서로 악수하고 서로 주고 서로 받고 합니다.

이런 무리가 교회를 주장하기 때문에 교회 내부가 부패하고 교회의 근본정신이 그릇되는 것입니다. 사실 세상에서 인생 문제로 고민하는 사람이 위로를 받을까 하고 교회에 찾아왔다가 실망하고 돌아가는 경우가 많습니다. 그 후부터는 교회가 무슨 일을 한다고 해도 곧이듣지 않습니다. 이와 같이 애정이 식은 교회는 도리어 남의 길까지 막게 됩니다. 애정이 식어진 교회들이 하는 일은 모두가 울리는 꽹과리 소리와 같아서 사람에게 덕을 세우기는 고사하고 사람들의 심정을 상하게 하는 것밖에는 더 하지 못합니다.

현대 교회는 다른 것을 염려할 것이 없습니다. 먼저 할 일은 우리 믿음의 열을 뜨겁게 하는 것입니다. 우리의 소망도 명확히 해야 합니다. 그러나 우리의 믿음과 소망의 대상이신 예수께서 오실 때에는 믿음도 폐하고 소망도 폐할 것입니다. 하지만 오로지 사랑은 영원히 패하지 못합니다. 그러므로 그 중에 제일은 사랑입니다.

다섯째는 교회의 수면으로 보이는 징조입니다. "신랑이 더디 오므로 다 졸며 잘새"(마태복음 25:5). 이 말씀은 재림 전에 교회가 다 졸며 자고 있을 것을 보이신 말씀입니다.

옛날 로마 제국이 300여 년간 계속하던 교회 박해를 그치고 콘스탄티누스 황제 때부터 기독교를 공인함으로써 그렇게

심하게 박해하던 국가가 일변하여 전적으로 기독교를 수입하고 국법으로 보호하게 되자, 그때부터 기독교가 세력의 날개를 얻어서 기세를 날리게 되었습니다. 그런데 어떤 학자들은 그때부터 교회가 졸고 자기 시작했다고 봅니다. 차라리 로마에서 하루도 쉴 사이 없이 성도들이 십자가에 달려서 혹은 칼날에 찍혀서 혹은 기름 가마에 끓여져서 죽을 때가 교회가 깨어서 자기 신앙을 지키는 때였다는 것입니다. 그러나 기독교가 로마 제국 세력의 품에 안겨서 보호를 받게 됐을 때, 교회가 세상 권속을 잡게 됐을 때부터 신앙은 졸며 자기 시작했습니다.

기독교가 로마 제국을 정복했다는 것은 얼마나 놀랄 만한 일입니까? 로마군의 창에 맞아서 돌아가신 하나님의 아들 예수의 복음이 얼마 가지 않아 로마를 정복하고야 만 것은 참 승리요 성공입니다. 그러나 교회나 신자는 성공할 때 졸며 자기 쉬운 것입니다. 잡아 삼키려는 대적과 박해 앞에서는 깨어서 기도하고 성경을 애독하는데, 박해도 그치고 대적이 물러간 후에는 안일과 향락에 졸며 잔다는 말입니다.

여기 조는 자와 자는 자의 두 가지 형편을 말하였는데, 오늘날 교회 신자 중에도 두 가지 형편이 있습니다. 첫째는 조는 자인데, 졸다가도 무슨 소리가 들릴 때마다 깜짝 놀라서 정신을 차립니다. 그러나 가로누워서 베개를 돋우어 베고 코를 골면서 자는 자, 아무 소리도 듣지 못하고 깊이 자는 자도 있습니다. 늙은 여자의 자장가 소리에 자고 있는 아이와 같이, 늙은 마귀의 자장가 노래에 온 교회가 자고 있습니다. "튼튼하다 자장자장, 더디 온다 자장자장, 올 때 깨워 주마 자장자장."

도적같이 오실 예수

예수께서 오실 것을 왜 하필 도적으로 비유했을까 생각하면, 첫째로 도적이 생각지 않은 때 오는 것처럼 예수님께서도 세상 사람들이 생각지 못한 때에 오시기 때문입니다.

때는 여름이었습니다. 제가 수원교회에서 사역할 때 어느 신자 가정을 심방했습니다. 저는 좀 허물이 없는 사이라 아무 생각 없이 그저 쑥 들어갔습니다. 그런데 제가 들어가자 온 집안 사람이 깜짝 놀라며 "아이고 어쩌나!" 소리를 치더니 하나는 뒷문으로 달아나고 하나는 건넌방으로 하나는 안방으로 들어가 버렸습니다. 앉았던 자리에는 부인네 치마 적삼과 같이 있던 어린아이만 남아 있었습니다. 저 역시 무의식중에 들어갔다가 무색하기는 하지만 어찌할 바를 모르고 들어가다 말고 주춤주춤하고 있으려니까, 여기저기서 팔뚝을 쑥쑥 내

밀면서 "아무개야, 내 치마 내 적삼" 하고 재촉을 하니 이 아이 혼자서 그들의 옷을 찾아 여기저기 갖다 주느라 분주했습니다.

때는 여름날이라 덥고, 자기 집 마루니까 '누가 오랴' 하는 생각으로 안심하고 딸, 며느리, 시어머니가 웃옷을 벗고 어울려서 열이 나게 잠을 자고 있었던 모양입니다. 그러나 자기네들의 믿음 상태를 생각하다가 심방하고 싶었던 목사가 찾아올 줄은 몰랐던 것입니다. 저는 그들에게 예배드리기를 청한 후에 '믿음의 준비'를 권고하며 예수께서도 이와 같이 오신다고 했습니다.

"세상 사람들이 편안하고 튼튼하다 말할 때에 해산할 기약이 아이 밴 여인에게 이름과 같이 멸망이 홀연히 이르리니 결단코 면치 못하리라" 하셨으니 주님은 우리가 생각지 않고 방심하고 있을 때 오실 것입니다. "보라. 내가 도적같이 오리니 누구든지 깨어 자기 옷을 지켜 벌거벗고 다니지 아니하며 자기의 부끄러움을 보이지 아니하는 자가 복이 있도다"(요한계시록 16:15).

둘째로는 짭짤한 신자를 데려가시려고 오신다는 말입니다. 예수께서는 당신의 피로 사서 세운 성도를 자기 앞에 올려다 두기를 원하십니다. 그런데 얼빠진 신자 말고 새벽길같이 똑똑한 신자를 데려가십니다. 자기 옷도 못 지키는 미치광이 신자가 아니라, 옷을 정하게 입은 단정한 신자를 데려가십니다. 미지근한 신자 말고 따끈하고 뜨거운 신자를 데려가십니다. 있으나 없으나 한가지인 시시한 신자 말고 짭짤한 신자를 데려가십니다.

어느 도적이 밤중에 잠도 못 자고 남의 집에 들어가서 꿰맨 고무신짝, 떨어진 걸레뭉치, 다 쓴 빗자루 몽당이 같은 것이나 휩쓸어 가겠습니까? 도적은 언제든지 그 집의 값진 물건, 짭짤한 물건을 가지고 가는 법입니다. 어느 교회나 짭짤한 신자가 많이 들려 올라갈 것을 알아두어야 합니다.

오늘날에는 교회 신자와 천당 신자가 구별되어 정해져 있습니다. 교회에 이름이나 걸어 두고 세상에서 온갖 행동을 다 하다가 교회에 와서는 망상과 공상만 하고 또는 말썽이나 피우고 문제나 일으키는 따위는 데려가면 천당이 더러워질까 봐 지옥 불에 쓸어 넣으려고 그대로 두고, 아름다운 신자는 데려다가 천성에 보배 삼으시려고 데려가십니다.

깨어라, 때는 왔다고
파수꾼은 힘써 외친다
들은 사람 준비하라

맞으라 만왕의 왕의
발걸음은 문 앞에 왔네
신랑 예수 곧 오신다
훨씬 높이 들어
네 가진 등불을
할렐루야 영광 중에 다시 오실
그리스도 영접하라

깨어서 자기 옷을 지키자

우리 신앙은 장차 오실 예수를 생각하는 중에 흔히 졸기 쉽습니다. 그러지 말고 '지금 예수가 오신다면 내 준비가 어떠하겠느냐'는 입장에 자기를 세워 놓고 각각 자기를 반성하십시오. 즉 전시체제의 정신을 가지고 순간순간 깨어 살자는 말입니다.

졸고 자고 있는 열 처녀라는 말씀은 과거 이야기가 아니라 지금 우리 형편을 말함이니 지금 졸며 자고 있는 사람이 곧 '나'입니다. 깨어야 할 사람도 '나'입니다. 낮이 가까웠으니 머리를 들고 깨어나십시오. 우리의 잠을 우리 스스로가 깨지 않고는 내가 어떠한 불행에 깨어지게 될지 모릅니다.

유두고는 졸다가 3층에서 떨어졌고, 사울은 창을 거꾸로

박아 놓고 자다가 물병을 잃어버렸고, 이스보셋은 자다가 자기 신하 손에 죽었고, 시스라는 자다가 귓구멍에 말뚝이 박혀 죽었고, 솔로몬 시대에 한 여자는 자다가 그만 사랑하는 아이를 깔아 죽였고, 요나는 배 밑층에서 자다가 큰 물고기 뱃속에 들어갔고, 다윗은 깨어 기도하지 않고 다락 위에서 졸다가 죄를 범함으로 평생에 자기 집에서 환난이 떠나지 않게 되었습니다.

"보라. 내가 도적같이 오리니 누구든지 깨어 자기 옷을 지켜 벌거벗고 다니지 아니하며 자기의 부끄러움을 보이지 아니하는 자가 복이 있도다"(요한계시록 16:15).

"이러므로 너희도 예비하고 있으라 생각지 않은 때 인자가 오리라"(누가복음 12:40).

1. 이 천지는 변하여도 주님 말씀 변찮아
   이 시대의 징조 보라 문 앞에 주 오신다

2. 너희들은 예비하라, 생각하지 않을 때
   인자 속히 오신다고 간절한 부탁 있다

(후렴) 예비하라 성도들아 주님 다시 오신다

기쁘도다 할렐루야 아멘 주여 오소서

임마누엘 강단. 1955.

부흥

전국부흥사업의 임명을 받고[1]

> 일을 행하시는 여호와, 그것을 만들며 성취하시는 여호와,
> 그의 이름을 여호와라 하는 이가 이와 같이 이르시도다
> 너는 내게 부르짖으라 내가 네게 응답하겠고
> 네가 알지 못하는 크고 은밀한 일을 네게 보이리라(예레미야 33:2-3)

창세 전에 저를 아시고 모태로부터 저를 택하시고 출생 후 지금까지 거룩하신 품 안에 영육을 보존하시고 전지전능의 섭리로 붙잡으사 작은 일부터 큰일까지 만사가 합동하여 거룩한 뜻이 이 몸에 착착 성취됨을 감사할 뿐입니다. 과거와 현재를 통해 미래의 빛나는 소망은 날이 가고 달이 갈수록 더욱 새로워지며, 임하는 주님 영광은 그날그날 순간순간에 작은

---

[1] 신의주 등을 중심으로 두각을 나타내던 이성봉 목사는 1937년 총회 때 전국부흥사로 임명을 받는다. 당시 38세이던 이성봉 목사는 회갑 때까지 1천 교회를 세울 것을 작정하고 전국부흥사로의 길을 시작한다. 이 글은 일본과 만주 부흥사로뿐만 아니라 한국 전체를 포괄한 전국적인 부흥사로 등장하는 이성봉 목사의 각오를 엿보게 한다.

그림자를 통해 나타나심이 은혜 위에 은혜요, 이적 중에 기적이요, 행복 중에 축복입니다.

이번에 귀중한 사명은 벌써 만세 전에 예정하신 주님의 계획이요, 4년 전에 보이신 이상의 감동이 오늘에 사실로 성취될 때 한편으로는 기쁘고 한편으로는 슬픈 마음을 금하기 어렵습니다. 무슨 연고입니까? 주님의 거룩한 뜻은 언제든지 이루어지는 것을 생각할 때 한 번 더 기뻐하고, 문부태산지로 蚊負太山之路(모기가 태산을 짊어지고 길을 간다)의 중대한 책임을 생각할 때 황송하고 떨리지 않을 수 없습니다. 벌레요 사람이 아니며, 지렁이요 티끌 같은 아주 작고 보잘것없는 제 자신을 돌아볼 때 이 사명의 말씀이 참으로 어려워 미디안 광야의 모세가 제게 거울이 됩니다.

그러나 저의 본질을 아시고 택하신 하나님! "내 능력이 약한 데서 온전하여짐이라"(고린도후서 12:9). 아멘! 세상의 어리석다 하는 것을 택하사 지혜 있는 자를 부끄럽게 하시고, 세상의 약하다 하는 것을 택하사 강한 것을 부끄럽게 하시며, 또 하나님께서 천하다는 것과 멸시받는 것과 없는 것을 택하사 있는 것을 폐하시는 것(고린도전서 1:27-28)은 옛적부터 지금까지 하나님의 법이요, 하늘의 새 일인 것을 담대히 믿어 감사하나이다. "지렁이 같은 너 야곱아, 내가 너로 이가 날카로운 새 타작 기계를 삼으리니 네가 산들을 쳐서 부스러기를 만들 것이며 작은 산들로 겨 같게 할 것이라"(이사야 41:14-15).

오, 주의 능력으로 없던 제가 이 시대에 생겨나서 주의 영광을 다 뵈옵고, 필요한 일을 알려 주시는 그 사랑의 품에 있으니 이 은혜가 웬일인가요? 물질이나 정신이나, 영이나 육이나, 시간이나 소리 전부가 주께로 오고 주께로 말미암고 주께로 돌아가는 도상에 순간순간 최후 숨결까지 그 안에 사라짐을 기억하여 나아갑니다. 어제나 오늘이나 영원토록 변함없이 불타는 주님의 사랑, 그가 사심을 제가 알고 저를 불러 세우신 그 뜻을 알아서 주시는 힘, 임하는 말씀, 인도하시는 성령에 끌리어 순종하고 복종하리니, 그 앞길에 장애와 사탄의 훼방도 무수할 터이나 그럼에도 그 염려와 저 불신앙의 죄악을 다 태워 버리고 힘써 매진하렵니다.

각처에 한 핏줄, 한 신으로 지음 받은 형제자매여, 어느 순간에라도 이 그림자, 이 토기를 기억하사 합심하여 동정의 기도를 드려 주십시오. "너희가 내 안에 거하고 내 말이 너희 안에 거하면 무엇이든지 원하는 대로 구하라. 그리하면 이루리라"(요한복음 15:7). "나를 믿는 자는 나의 하는 일을 저도 할 것이요, 또한 이보다 큰 것도 하리니"(요한복음 14:12). 주여, 나의 믿음의 부족함을 도와주소서. 그리하면 족하겠나이다.

이제 전임지인 신의주 동부성결교회가 큰 새 예배당을 짓고 낙성식을 한 지 사흘 만에 떠나려니 여러 교우와 큰일을 겪고 떠나는 약한 마음은 뒤를 돌아다봄이 적지 않으나, 법궤를 맨 새끼 뗀 암소가 벧세메스로 향하는 길(사무엘상 6:12)이 눈앞에 어리어 제 심장을 아프게 하며 제 갈 길을 재촉하니 아니 가지 못하겠습니다.

주여! 제가 떠난 후에 사랑하는 신의주교회에 갑절의 복을 더하사 큰 영광과 이적을 한 번 더 찬송케 하소서.

신의주를 떠나면서

활천. 제183호. 1938. 2.

6·25와 나

> 그러나 내가 나 된 것은 하나님의 은혜로 된 것이니
> 내게 주신 그의 은혜가 헛되지 아니하여 내가 모든 사도보다 더 많이 수고하였으나
> 내가 한 것이 아니요 오직 나와 함께 하신 하나님의 은혜로라(고린도전서 15:10)
> 우리가 알거니와 하나님을 사랑하는 자 곧 그의 뜻대로 부르심을 입은 자들에게는
> 모든 것이 합력하여 선을 이루느니라(로마서 8:28)

여호와 하나님을 의지하는 자를 위해 쌓아 둔 은혜가 어찌 큰지 말로 할 수 없습니다. 여호와는 여호와를 의지하는 자의 구원이 되시며 방패가 되시며 영광이 되십니다. 저의 신앙생활 50년, 전도생활 34년에 주를 사랑하고 그의 뜻대로 부르심을 입은 사람에게는 만사 합동하여 유익하게 됨을 체험한 사실이 부지기수이지만 특별히 6·25 때 체험한 주님의 은총의 사실을 대략 간증하려고 합니다.

주님은 "너희를 떠낸 반석과 너희를 파낸 우묵한 구덩이

를 생각하여 보라"(이사야 51:1)라고 말씀하셨습니다. 저는 본시 10년간 목회하고, 38세에 부흥 사명을 받아 22년간 국내와 국외에서 불철주야로 순회 전도를 계속해 왔습니다. 나의 나 된 것은 오직 하나님의 은혜요, 각처 기도의 복병들이 나를 위해 간구해 주시는 은덕임을 알고 감사할 뿐입니다.

저는 잊지 못할 6·25를 서울 충정로 장로교회 집회 중에 맞이하여 6월 26일에 그 집회를 마치고 6월 27일에 마지막 차로 목포로 내려갔습니다. 그때 제 가족이 목포에 있었습니다. 서울은 곧 인민군에게 점령되었으나 목포는 몇 주일간 시간이 있었지요. 저는 잠시라도 쉴 수가 없어서 무안군 압해도 섬으로 들어가 여전히 부흥회를 하고 7월 20일에 돌아왔더니 목포에 있는 목사님들과 신도들이 대개 부산으로 피난을 가고 인민군은 정읍까지 점령한 상태였습니다.

저는 본래 어려운 일을 당한 대로 하나님께서 족한 은혜 주심을 과거에 많이 체험했기 때문에 이번에도 또한 크신 은혜 주실 것을 확실히 믿고 금식기도를 시작했지요. 때에 마침 부산에서 어느 형제가 배를 가지고 나를 구원하러 와서 속히 떠나자고 애원했으나 저는 불응했습니다. 왜냐하면 고난을 당하는 가족들과 성도들을 내버리고 저 혼자 가는 것이 인정상 허락하지 않았고, 또 하나님께 불충한 사명자 같아서 '인민군들이 다시 돌아가게 해주시고 피난 간 목사들을 부끄럽게 해주시라'고 교만한 기도를 했습니다.

그러나 결국 7월 24일에 인민군이 목포까지 들어오고야 말았습니다. 그때 목포에서 약 10킬로미터 되는 임성교회 김종선 전도사가 와서 자기 교회로 가자고 애원하기에 조용한 곳에 가서 기도하고 또한 농촌 교우들에게 복음 전도하려는 목적으로 피신했습니다. 계속해서 기도와 말씀을 전하는 중에 8월 2일 밤 수요일 기도회를 마치고 나니 보안서원들이 찾아와서 저를 끌고 갔습니다. 무슨 모략이냐 하면, 며칠 전 유엔 비행기 열두 대가 목포에 와서 쌀 창고를 폭격했는데 어느 예수 믿는 여학생이 비행기에게 오라고 신호를 했다는 것이었습니다. 그 여학생을 잡아 취조했더니 주동자가 이성봉 목사라고 불었다는 것입니다.

보안서원들이 제게 "다른 목사들은 피난 갔는데 너는 왜 가지 않고 이 구석에 와서 그런 일만 하고 있느냐?"고 물었습니다. 제가 "여보게, 나는 예수 믿고 전도하는 사람이지 그런 일은 안 하는 사람이오" 하니 "이놈아! 너희가 예수를 믿었느냐, 이승만을 믿었지. 목사놈들 다 때려죽여야 한다. 이 나라를 좀먹는 놈들이 목사 놈들이다"라고 하면서 달려들었습니다. 아닌 게 아니라 그때 목사들이 정치운동에 가담하여 믿는 자나 믿지 않는 자에게 부덕한 모습을 많이 보였지요.

그들은 저를 잡아끌고 뒷산 밑으로 가서 범의 장다리 같은 젊은 사람 10여 명을 시켜 굵은 몽둥이로 막 후려갈겼습니다. 저는 '이제 순교할 때가 되었구나' 하고 스데반의 돌무더기를 연상하면서 "너희들이 나를 죽일지라도 나는 천국 가니 아무쪼록 너희들은 회개하고 예수를 믿어라" 하고 소리친 후 "아버지여! 저희들이 알지 못하여 그러하오니 저들의 죄를 용서하여 주소서"라고 기도했습니다. 진정으로 그들이 불쌍해 견디기가 어려웠습니다.

그런데 이상한 일은 아무리 맞아도 조금도 아프지를 않아서 제가 기도만 하니 "이놈의 새끼가 얼마나 뚱뚱한지 아픈 줄을 모른다"고 하면서 이마빼기를 치니 이마에 떨어지는 몽둥이에 코가 터져 뜨끈뜨끈한 선지피가 쏟아졌습니다. "주님은 나를 위해 물과 피를 쏟아주셨는데 코피라도 쏟게 됨을 감사합니다" 하고 그만 기절하여 쓰러지니, 치안서장이 소리를 질러 "그 자식을 아주 죽이지는 마라. 좀 더 고생을 시켜 죽이는 것이 좋겠다. 끌어다가 유치장에 집어넣어라"고 했습니다. 누군가 제 머리에 찬물을 끼얹어 정신이 들게 한 후 불과 3평 이내의 감방에 40여 명을 수용한 곳에 들여보내니 숨이 막혀 죽을 지경이었습니다.

오줌통 놓인 자리가 조금 비어 있어서 그곳에 엎드려 신음하니 매 맞은 자리가 본격적으로 아파왔습니다. 그래도 바울과 실라가 빌립보 옥중에 갇혔을 때 찬송과 기도로 옥문이 열린 것이 생각나서 '에라, 찬송이나 한번 불러 보자' 하고 허사가虛事歌[1]를 한번 멋지게 불렀답니다. 처음에는 아주 듣기가 좋은 모양인지 조용하더니 "홍안 소년 미인들아 자랑치 말고, 영웅호걸 열사들아 뽐내지 말라, 유수같은 세월은 널 재촉하고, 저 적막한 공동묘는 널 기다린다"고 하니 그만 보안서원들이 "저 자식 죽은 줄 알았더니 또다시 살아났다"고 소리를 벼락같이 질렀습니다. 바울은 찬송과 기도로 옥문을 열었는데 저는 옥문이 열리기는커녕 욕만 얻어먹었답니다.

그러나 삼 일 후에 빨치산 30여 명이 어깨에 총을 메고 각처에서 소위 저들이 반역자로 지목하는 사람들을 한없이 총살하고는 이곳에 와서 죽일 사람이 없느냐고 하니, 보안서장이 말하기를 "목포에서 쌀 창고 폭격 주동자를 잡아 왔는데 그 자식이 목사요. 죽어라 때려도 기도와 찬송만 하고 있으니 저놈을 어찌하면 좋으냐?"고 합니다.

"아, 그거 왜 여태껏 두었는가? 속히 처치해 버리지" 하더

---

[1] 작곡자 미상 곡에 이명직 목사가 가사를 붙인 찬양으로 1950년대에 즐겨 부르던 복음성가다. 이성봉 목사는 이 찬양을 애창했다.

니 "목사 새끼 나와!" 하고 소리를 지릅니다. 이제는 정말 죽으러 나가는 판이었지요. 그러나 하나님께서 허락하지 않으시면 머리 하나라도 떨어지지 않는 것을 믿은 저는 담대히 피투성이 옷을 움켜잡고 나가면서 공손히 인사를 하였지요. 사랑은 두려움을 내어 쫓는다고, 사랑으로 그들의 불쌍한 영혼을 바라보았습니다.

빨치산 대장이 "목사 노릇 몇 해나 해 먹었는가" 하고 묻기에 "예, 한 25년 했습니다" 했더니, "아이고, 무던히 착취해 먹었구나. 그래서 그렇게 뚱뚱보가 되었구나" 했습니다. 저는 "아니오, 착취해 먹어서 그런 게 아니오. 내 아이 때 별명이 깔따귀[2]요, 여러 가지 병투성이였소. 그러나 예수를 믿고 하나님 은혜로 신유의 능력을 얻어 25년간 의약을 모르고 이렇게 건강하게 지내온 것입니다" 하니 "예수는 무엇 하러 믿는 것이오?" 합니다.

"예수요? 예수는 자아를 혁명하는 것이오. 당신은 사회혁명 하느라고 수고하지만, 예수는 자아를 먼저 혁명하는 것이오. 물줄기가 길게 흘러가려면 물 근원을 파야 하고, 나무가 좋은 나무가 되려면 그 뿌리를 잘 가꾸어야 하는 것이오. 이 나라 우리 민족이 참으로 복을 받으려면 우나 좌나 정치적으

---

2 모기와 비슷한 모양의 각다귀를 일컫는 것으로 각다귀만큼 말랐다는 뜻.

로보다 먼저 이 민족의 양심을 바로잡아야 합니다" 했더니, 대장이 "그래 양심을 얼마나 바로잡았소?" 하기에 제가 "다른 사람은 몰라도 내 마음은 바로 잡힌 것이 확실하오" 하고 대답했습니다.

"그래 예수쟁이들은 밤낮 천당, 천당 하며 현실을 부인하고 천당만 가겠다고 하던데 천당을 가 보았소?" "보고 말고요." "어디서 보았소?" "천당 본점은 못 봤어도 천당 지점은 봤지요. 본점 없는 지점이야 어디 있소? 은행 지점을 보면 으레 은행 본점이 있는 것을 알 수 있고, 경찰서 지서를 보면 으레 경찰서 본서가 있는 것을 알 것 아니오? 나는 아직 육안으로 천당 본점은 못 봤어도 천당 지점은 내 마음에 성취된 것이오. 하늘나라는 먹고 마시는 것이 아니오. 성신을 힘입은 의와 평강과 기쁨이랍니다. 당신들이 나를 이렇게 악형을 하고 죽인데도 내 마음은 지극히 평화스럽소" 했습니다.

보안서원들과 빨치산들이 살기가 등등하여 잡아먹을 것 같더니 웃음보를 터뜨리며 "이야, 천당 지점! 이거 처음 듣는 말이로구나. 예수쟁이들 말 잘한다더니 참 잘하는구나" 하더니, 빨치산 대장이 "목사님, 이 전쟁을 어떻게 봅니까?" 합니다. "이 전쟁이요? 과거에 이스라엘과 유대가 범죄할 때 앗수르와 바벨론의 방망이로 징계했고, 우리 조선이 500년간 범죄할 때 일본 방망이로 36년간 얻어맞았소. 이제 하나님의 복으로 그 무서운 일제의 사슬에서 해방을 주었어요. 그러나 이 민족이 감사할 줄 모르고 더욱 죄악을 하니 이제는 공산 방망이로 이 민족을 내려치는 것이오. 그러나 인민정치가 이 나라에 와서 또다시 애매한 사람들을 악형하고 예수교회를 핍박하면 하나님께서 좋아하시지 않을 것입니다."

당장에 망한다고 하면 좋겠지만, 그 소리는 못 했습니다. 왜냐하면 조금 더 살아 보려고요. 아니, 오늘 여러분에게 이 말 좀 하고 죽고 싶어서요. 그런데 참 놀라운 것은 빨치산 대장이 예수를 믿던 사람이래요. 광주 의과대학생인데 저를 알았던지 꼭 목사님이라고 하면서 동정을 많이 하고 싸고돌더군요. 다른 자들은 이 자식 저 자식 망하게 구는데 이 사람은 "목사님, 어디 악형 당하셨습니까?" 합니다. 저는 "보시오. 온갖 악형 당한 것을" 하니, "어디 봅시다" 하고 벌거벗겨 보니 악형 당한 지 삼 일에 온몸은 위로부터 아래까지 성한 곳이 없이 먹장[3]같이 되었습니다. 대장은 깜짝 놀라며 보안서원들을 책망했습니다.

"여보시오, 이거 뭐요? 우리 인민 정치에는 이런 법 없소. 죽일 사람은 즉살하든지, 그렇지 않으면 가두어 두고 감화를

---

3 먹의 조각이란 뜻으로 빛이 매우 시커멓고 짙은 상태를 비유적으로 말한다.

시키든지 하는 거요. 당신들 때문에 우리 인민정치가 오해를 받는 거요. 동무들, 우리가 오해했소. 이 목사님은 참말로 예수만 아는 목사님이지 다른 것은 모르는 목사님이오. 왜 우리 인민 정치에도 종교는 자유라고 하지 않았소. 예수야 좋은 양반이지요. 예수의 탈을 쓰고 다른 짓들을 하니까 그렇지요. 동무들, 사과합시다" 하더니 보안서원들을 데리고 와서 100배 사과를 합니다.

유가족들의 흥분으로 이렇게 된 것입니다. 사변이 나는 즉시로 경찰과 국군이 이전이나 그때에 사상이 좀 의심되는 사람들을 예비 검속했다가 후퇴하면서 전부 묶어서 목에 돌을 달아 배에 싣고 가서 물에 장사하여 버렸다는 것입니다. 거기에는 참으로 애매하게 죽은 사람도 있다는 것이지요. 세월이 뒤집히니 유가족들의 복수심이란 무차별의 학살로, 목사와 신자들이 많이 당하게 되었답니다. 그날 밤에 제가 아는 장로교회의 목사도, 목포 연동교회 최명길 목사와 형무소의 김재선 목사와 강진의 배 목사 등 여러 사람이 학살되었답니다.

그러나 저는 아직 순교의 반열에 들어갈 자격이 없었던지 보안서원들이 사과하고 저와 김치한 전도사를 석방하면서 나가서 전도를 잘하라고 했습니다. 사실 그들은 그날 밤에 19명을 총살하고 갔답니다. 죽이러 왔다가 살리고 가더군요. 있는 것 같아도 없는 것은 사람이요, 없는 것 같으나 실재자는 하나님이십니다. 있는 것 같아도 없는 인간의 헛 총소리에 속아서 없는 것 같으나 실재자이신 하나님의 실탄이 날아오는 것을 보지 못하는 가엾은 인간들이 이 땅 위에 얼마나 많은지 알 수 없습니다.

그래서 구사일생으로 나와서 바로 보안서 뒷집 최마리아 씨 집 행랑방에서 두어 달 동안 많은 신세를 졌답니다. 한 곳에서 목회하던 목사 같으면 흩어진 신자들이라도 자기 교역자의 최저한도 생활을 보장했을 것인데, 여기저기 돌아다니던 목사가 집회를 못 하게 되니 끈 떨어진 뒤웅박 모양으로 누구 하나 바랄 곳 없어 우선 생활의 위협을 당하게 된 것이지요.

그래도 엘리야에게 까마귀를 보내 떡을 물어 오게 하신 하나님께서 시간시간 식량이 떨어지고 돈이 떨어질 때마다 생각지 못한 곳에서 그때그때 생활 보장을 받게 하실 때, 자비로우신 하나님의 은총을 감사하지 않을 수 없었습니다. 그러므로 "무엇을 먹을까 무엇을 마실까 염려하지 말라"고 하신 주님의 권고를 체험한 것입니다.

제일 안타까웠던 점은 예배당을 그들에게 빼앗겼기 때문에 신자들이 주일이면 저의 숙소인 보안서 뒷집으로 무서운 줄도 모르고 몰려들었던 것입니다. 그래서 집도 좁고 또 한꺼번에 많은 사람이 모이면 보안서원들의 눈총이 맹렬해 3, 4차의 분반 예배를 드렸습니다. 그렇게 비밀로 드리는 예배, 자유 없는 중에서도 신도들의 열성은 더욱 간절해서 그때 드린 예배와 기도는 참으로 주님이 기뻐 받으실 향기의 제물이었습니다.

한편 아무리 보아도 시국이 속히 해결되지 않을 것 같아서 금식기도가 절식絕食기도로 변했습니다. 이는 몸이 건강하면 인민정치에 협조해 달라고 할 것이고, 또 뚱뚱보라 하여 더 많이 맞았으니 좀 마른 것이 좋을 것 같아서 주야로 병상에 누워서 병자 행세를 하여 위문 오는 사람에게 전도하고 목마르고 굶주린 양떼들을 권고하기 위함이었습니다. 물 마실 때는 성부 성자 성신을 마음속으로 부르면서 세 모금을 마시고 하루에 한 공기 밥으로 연명하니, 차라리 단식할 때보다 조금 먹다 말고 수저를 놓으니 뱃속에서 조금만 더 들이라고 야단이었습니다. 그러나 주님의 고난을 기억하고 또한 내 동포들이 얼마나 고생하는 것과 특별히 동역자들의 사정을 생각할 때 잠을 잘 수가 없고 먹을 수 없어 자연 금식과 절식이 되었습니다.

우리 어린 딸이 "아버지, 이제는 완전히 공산당이 승리하고 대한민국은 망하였어요? 이 생활을 계속해야 한다면 어떻게 살겠어요?" 하고 한숨을 쉬며 물었습니다. 저는 "애, 걱정 말아라. 공산당은 승리하는 것 같으나 거기에는 기도하는 사람이 없느니라. 스탈린이나 모택동이나 김일성이가 기도할 줄 모른단다. 공산당에서 기도하는 놈 보고 죽으려고 해도 한 놈도 없단다. 우리 대한민국에는 못된 것도 많지. 그래도 기도하는 사람들이 여기저기 있느니라. 하나님은 기도하는 자의 하나님이시다. 아무것도 염려 말고 기도하거라" 하고는 '조금만 더 기다려라'는 노래를 지었습니다.

1. 만국에 사모하는 자 반드시 강림하시어
천지를 진동하시고 네 소원 성취하리라

2. 기도의 응답 없다고 그렇게 낙심하지 말아라
만사에 때가 있나니 조금만 더 기다려라

3. 세상의 물결 흉흉코 죄악의 파도 일어도
주님을 앙망하면서 조금만 더 기다려라

4. 흑암의 권세 팽창코 악마의 시험 많으나

하나님 은혜 힘입어 조금만 더 기다려라

5. 심신이 피곤하여서 실패를 거듭하여도
성신의 권능 받아서 조금만 더 기다려라

(후렴) 신실한 약속 붙잡고
조금만 더 기다려라
조금만 더 기다려라

그러다가 점점 더 시국이 절박해 가고 아무래도 위험할 것 같아 밤 중에 리어카를 타고 목포로 들어갔습니다. 오랫동안 비워 두었던 집, 숨기 좋은 골방에 들어가 결사적으로 기도했습니다. 80일 정한 것이 78일 만에 해방이 되니 그때 즐거움은 당한 자 외에는 알 수가 없지요.

그들이 후퇴하면서 많은 사람을 납치하고 살상하는 비참한 살풍경이 벌어졌는데, 만일 피난 갔던 곳에 그냥 있었더라면 저도 영락없이 납치되거나 살해되었을 것입니다. 그런데 그 밤에 피해 목포로 온 것은 바울 선생이 다메섹에서 광주리 타고 성을 넘어 피난 간 것과 비슷하지요.

하여간 많은 동지가 숙청을 당하고 순교하고 납치되어 갔는데 저를 아직 남겨 두신 것은 아직 순교할 자격은 없고 또 숙청하기는 아깝고 그래서 후방으로 훈련시키시는 것인 줄 알고 여생을 좀 더 신령하고, 좀 더 완전한 사랑으로, 좀 더 충성으로 주신 사명에 불타서 부끄러움 없이 죽기를 원합니다.

산 그리스도, 산 예수를 제 중심에 모시고, 살든지 죽든지 제 몸에서 그리스도가 확장되기를 간절히 사모하면서 일로매진하는 중입니다. 임마누엘 은총이 여러분 위에 항상 같이하시기를 기도드립니다.

사랑의 강단. 1961.

이성봉 목사연표

1900년 7월 4일	평남 강동군 간리에서 이인실과 김진실의 장남으로 출생.
1905년	온 가족이 예수를 믿음.
1918년 2월 10일	평남 중화읍의 이영기 장로 장녀와 결혼.
1925년	경성성서학원(현 서울신학대학교) 입학.
1928년 3월	경성성서학원 졸업.
1928-1930년	수원교회 시무.
1930-1936년	목포교회 시무.
1932년	목사안수 받음.
1936-1937년	신의주교회 시무.
1937년	성결교 총회에서 전국부흥사로 임명 받음.
1939년	일본 유학과 순회전도.
1941-1945년	만주 전도.
1945년	해방과 더불어 이북에서 성결교회 재건운동.
1946년	월남하여 남한 성결교회 재건 순회집회.
1954-1955년	임마누엘 특공대라는 이름으로 작은 교회 순회집회.
1955년	신촌교회 개척.
1955-1956년	희년준비 성회.
1959년	미국 순회전도.
1961년	'1일 1 교회 운동'이라는 이름으로 교회 재건과 교단합동에 전념.
1966년 7월 23일	성결교 합동 총회에서 마지막 설교.
1965년 8월 2일	소천.

이성봉 목사 연구를 위한 참고문헌

1차 문헌 자료

이성봉. 천로역정강화. 1953. 기독교대한성결교회 출판부; 1979. 성광문화사; 1985. 기독교대한성결교회 출판부.
이성봉. 임마누엘 강단. 1955. 기독교대한성결교회 출판부; 1985. 기독교대한성결교회 출판부.
이성봉. 요나서 강화. 1958. 기독교대한성결교회 출판부; 1985. 기독교대한성결교회 출판부.
이성봉. 사랑의 강단. 1961. 성청사; 1985. 기독교대한성결교회 출판부.
이성봉. 부흥설교 진수. 1963. 성청사; 1985. 기독교대한성결교회 출판부.

이성봉 목사의 기념사업회인 성봉선교회는 이상의 이상봉 목사 생전의 개별 저작들을 정리하여 《이성봉 목사 저작집》 전5권(생명의말씀사. 1993)으로 출간하기도 하였다. 각권의 구성은 제1권 《말로 못하면 죽음으로》(이성봉 목사가 직접 쓴 자서전), 제2권 《사랑의 강단》, 제3권 《임마누엘 강단》, 제4권 《부흥의 비결》, 제5권 《천로역정강화》와 같다.

이성봉. 1993. 이성봉 목사 부흥설교. 생명의말씀사.
    한 시간 분량의 설교 6개를 모은 카세트 테이프.
이성봉. 1993. 천로역정 강화 및 그의 애창곡. 생명의말씀사.
    카세트 테이프.
이성봉. 2008. Lee Seong-Bong. 키아츠.

이성봉 목사 연구를 위한 참고문헌

2차 문헌 자료

단행본

정인교. 1998. 이성봉 목사의 생애와 설교. 성결신학연구소.
    이성봉 목사의 생애를 서술하고 설교의 특성과 내용을 분석한 책.
이성봉목사 탄신100주년기념사업위원회. 2000. 이성봉 목사의 부흥운동 조명-이성봉 목사 탄신 100주년 기념 회고록 및 학술 논문집. 생명의말씀사.
    이성봉 목사 탄생 100주년을 맞아 이성봉 목사에 대한 회고록과 각종 학술 논문을 모은 책.
이신건. 2000. 이성봉 목사의 예화. 성결신학연구소.
    이성봉 목사가 남긴 38편의 예화, 52편의 비유, 19편의 간증을 모은 책.
김덕래. 2002. 불꽃같은 부흥사 이성봉 목사. 생명의말씀사.
    이성봉 목사의 자서전인 《말로 못하면 죽음으로》에 기초한 만화 일대기

학술지에 실린 연구 논문

정승일. 1968. 이성봉 목사 신앙의 증인. 활천 331호.
정성구. 1982. 이성봉 목사의 설교 연구: 한국교회 설교자론. 월간 목회 141호.
이병돈. 1983. 부흥사 이성봉 목사. 활천 401호.
김성현. 1997. 이성봉 목사: 이 달의 성결인. 활천 524호.
이상직. 2003. 이성봉 목사의 삶과 영성. 한국개혁신학논문집 14.
김동주. 2007. 이성봉의 사역과 요나서 설교에 대한 연구. 한국교회사학회지 21.
박형신. 2015. 이성봉 목사의 부흥설교 연구-명심도강화를 중심으로. 신학과 선교 47.
김동주. 2016. 이성봉 목사의 십자가 신앙에 대한 소고. 한국교회사학회지 43.
임선규. 2022. 이성봉 목사의 생애와 그의 부흥사역에 관한 연구. 성공회대학교 일반대학원 석사학위논문.